Nicole Schmidt

Ist Home-Office zukunftstauglich?

Auswirkungen der Heimarbeit auf den Arbeitsalltag

Bibliografische Information der Deutschen Nationalbibliothek:

Die Deutsche Nationalbibliothek verzeichnet diese Publikation in der Deutschen Nationalbibliografie; detaillierte bibliografische Daten sind im Internet über http://dnb.d-nb.de abrufbar.

Impressum:

Copyright © Science Factory 2021

Ein Imprint der GRIN Publishing GmbH, München

Druck und Bindung: Books on Demand GmbH, Norderstedt, Germany

Coverbild: GRIN Publishing GmbH

Inhaltsverzeichnis

Abbildungsverzeichnis V

Tabellenverzeichnis VI

Abkürzungsverzeichnis VII

1. Einleitung 1
    1.1   Zielsetzung 2
    1.2   Fragestellungen 3

2. Begriffsdefinition von Home-Office 4
    2.1   Formen 4
    2.2   Vorkommen 7
    2.3   Rechtliche Situation 9

3. Home-Office in Zeiten der Corona-Pandemie 11
    3.1   Begriffsdefinition der Corona-Pandemie 11
    3.2   Maßnahmen 13
    3.3   Home-Office Empfehlung an die Betriebe 15

4. Perspektive des Arbeitgebers 18
    4.1   Chancen 18
    4.2   Risiken 19

5. Perspektive des Arbeitnehmers 23
    5.1   Chancen 23
    5.2   Risiken 24

6. Praxis 27
    6.1   Methodenauswahl 27
    6.2   Gestaltung 30

7. **Auswertung** **37**

    7.1   Stichprobenanalyse 37

    7.2   Umfrageergebnisse 41

8. **Fazit** **51**

    8.1   Zukunftsaussicht 53

    8.2   Handlungsempfehlung 55

Literaturverzeichnis **58**

Quellenverzeichnis **63**

Abbildungsverzeichnis

Abbildung 1: Formen der Telearbeit 5

Abbildung 2: Home-Office Verbreitung nach Tätigkeitsfeld 8

Abbildung 3: Symptomatik Corona-Infizierter in Deutschland 13

Abbildung 4: Infektionsstätten in Deutschland 16

Abbildung 5: Home-Office Nutzung während der Corona-Pandemie 17

Abbildung 6: Wahrnehmung der Risiken durch den Arbeitgeber 20

Abbildung 7: Beziehung Führungsverhalten und gesundheitliche Beschwerden 21

Abbildung 8: Ausprägung der Befragungsarten von 1990 bis 2017 29

Abbildung 9: Disqualifizierungslogik 32

Abbildung 10: Disqualifizierter Umfrageteilnehmer 33

Abbildung 11: Identifizierung von berufstätigen Eltern 34

Abbildung 12: Zusatzfragen für berufstätige Eltern 34

Abbildung 13: Ansicht für Umfrageteilnehmer ohne Zusatzfragen 35

Abbildung 14: Altersstruktur Umfrageteilnehmer 38

Abbildung 15: Home-Office Nutzungsdauer in Monaten im Jahr 2020 42

Abbildung 16: Zusätzlicher Betreuungsnutzen durch Home-Office 43

Abbildung 17: Zusammenhang Betreuungsnotwendigkeit und Effektivität 43

Abbildung 18: Änderungen innerhalb des Arbeitstages 44

Abbildung 19: Änderungen innerhalb des Arbeitstages, absteigend sortiert 45

Abbildung 20: Zusammenhang fehlender Arbeitsbereich und Produktivität 46

Abbildung 21: Bereitschaft zu vermehrtem Home-Office nach der Pandemie 47

Abbildung 22: Zusammenhang Ablehnung Home-Office und Erfahrungswert 48

Abbildung 23: Zukunftsaussichten der Tätigkeit im Home-Office 49

Abbildung 24: Bereitschaft für eine zukünftig vermehrte Home-Office Tätigkeit 50

Abbildung 25: Einführungspyramide 56

Tabellenverzeichnis

Tabelle 1: Geschlechterverteilung 38
Tabelle 2: Branchenverteilung 40

Abkürzungsverzeichnis

AOK	Allgemeine Ortskrankenkasse
BetrVG	Betriebsverfassungsgesetz
BGB	Bürgerliches Gesetzbuch
GewO	Gewerbeordnung
WHO	Weltgesundheitsorganisation

1. Einleitung

Bildeten in den Jahrhunderten zuvor Wohnen und Arbeiten eine Einheit für alle in einem Haushalt Lebenden unter demselben heimischen Dach, so wurde es für Arbeiter und Angestellte im Zuge der Industrialisierung im 19. Jahrhundert selbstverständlich, in Fabriken und Büros das Arbeits- vom Privatleben in den eigenen vier Wänden zu trennen. Erst mit Beginn der 1980er Jahre eröffnete die Digitalisierung in Form von Telearbeit den ArbeitnehmerInnen wieder eine Gelegenheit, Wohnen und Arbeiten miteinander zu verbinden und Bürotätigkeiten bei entsprechender Ausrüstung zu Hause zu bewerkstelligen. So entwickelten sich im Laufe der Zeit aus jenen anfänglichen Versuchen mittlerweile Technologien, die eine vollkommene Virtualisierung der Arbeitstätigkeit ermöglichen. Eine Präsenz von cloudbasierten Anwendungsprogrammen und virtuellen Kommunikationsmitteln ist innerhalb der Betriebe im Jahr 2020 allgegenwärtig. Dateien, die für die Arbeitstätigkeit benötigt werden, werden auf Sharepoints abgelegt und ermöglichen so eine gemeinschaftliche, ortsunabhängige Bearbeitung.[1] Die berufliche Mobilität ist unabhängig von Branche oder Kompetenz gleichermaßen, sofern es die Tätigkeit ermöglicht, anwendbar. Die Arbeitswelt gerät durch die zunehmende Individualisierung der Arbeitsplätze und der hinzukommenden Digitalisierung in einen stetigen Anpassungszwang. Hieraus gewinnen situations- und bedarfsgerechte Arbeitsmodelle und Strukturen zunehmend an Bedeutung. Gleichzeitig wächst das Interesse der ArbeitnehmerInnen in Deutschland nach einer Steigerung der Work-Life-Balance. Der Hintergrundgedanke ist hierbei, den privaten und beruflichen Alltag miteinander in Einklang zu bringen. Das Prinzip der flexiblen Arbeit hat sich in diesem Kontext zu einem Schlüsselfaktor entwickelt, um den modernen Anforderungen der Betriebe und ArbeitnehmerInnen entgegenzukommen. So ist zu vermuten, dass eine Gewährung von Home-Office die Mitarbeiterzufriedenheit steigert und im Weiteren die Attraktivität des Betriebes in Hinblick auf die Rekrutierung von Fachkräften fördert. Doch trotz dieser sinnfälligen Aspekte und sich daraus ergebender Chancen hatte sich bisher nur eine Minderheit der Unternehmen in Deutschland eine Tätigkeit aus dem Home-Office geleistet; wofür als ursächlich angesehen werden kann, dass eine Etablierung dieses Modells nicht nur die Bereitstellung von bedarfsgerechtem Equipment erforderlich macht, sondern auch eine Anpassung von Strukturen und Führungsmethoden benötigt.[2]

---

[1] Vgl. Castells, M. et al., Transformation, 2007, S. 77- 78.
[2] Vgl. Clöer, S., Digitalisierung, 2020, S. 243.

Erst mit dem ersten Lockdown aufgrund der Corona-Pandemie kam dann im Frühjahr 2020 in Deutschland der zu diesem Zeitpunkt alternativlos anmutende Turnaround. Entsprechend dem seit spätestens der Finanzkrise im Jahr 2008 populären Gedanken, dass Krisen als Chancen angesehen werden sollen, zwang auch die Corona-Krise Arbeitgebende und Arbeitnehmende zu der Chance, Anpassungen im Arbeitsalltag vorzunehmen, um eine Zusammenarbeit trotz Quarantänemaßnahmen und Kontaktbeschränken gewährleisten zu können. Es galt, bereits anvisierte Möglichkeiten wie die des Home-Office präsenter in den Vordergrund zu stellen, da nur mit einer Verlegung der Tätigkeiten in die Isoliertheit des privaten Bereichs der Vermeidung von Kontakten im oder zum Büro und wieder nach Hause Rechnung getragen werden konnte. Oftmals war die Anpassung des Arbeitsmodells gleichbedeutend mit einem Fortbestand des Betriebes angesichts der krisenbedingten dynamischen Märkte. Auf Grund der divergierenden Handhabung hinsichtlich der Art und Häufigkeit der Gewährung des Home-Office-Modells standen die Betriebe in Deutschland vor unterschiedlich ausgeprägten Herausforderungen, um den Übergang in die virtuelle Heimarbeit zu bewerkstelligen. Infolge der Corona-Pandemie waren die Betriebe nunmehr gezwungen, eine Testphase für eine Ausweitung der Home-Office Angebote einzuleiten.

1.1 Zielsetzung

Im Rahmen dieser Arbeit soll dem Erkenntnisgewinn, den der durch Corona bedingte Anstieg der Home-Office-Nutzung in Deutschland mit sich gebracht hat, nachgegangen werden. Daher hat sie sich in Beantwortung der Forschungsfrage nach der Zukunftstauglichkeit des Home-Office-Modells auf der Basis einer Analyse der Auswirkungen auf den Arbeitsalltag während der Corona-Pandemie das Ziel gesetzt, die zuvor gelebte Home-Office-Kultur und ihre durch die Corona-Pandemie erzeugten Änderungen zu untersuchen. Hierfür erfolgt zunächst eine Trennung in zwei Personengruppen, den Arbeitgebenden und den Arbeitnehmenden. Zum besseren Verständnis wird sich jedoch zuvor in den Kapiteln fünf und sechs mit den Begrifflichkeiten Home-Office und Corona-Pandemie sowie den daraus resultierenden Maßnahmen beschäftigt. Unter Darstellung der Chancen und Herausforderungen wird daraufhin in den folgenden Kapiteln sieben und acht für beide Parteien, Arbeitgeber sowie Arbeitnehmer, ermittelt, welche Änderungen und Risiken sich jeweils aus der Tätigkeit im Home-Office ergeben. Darüber hinaus soll die Wahrnehmung der Parteien bezüglich einer Zukunftsaussicht für eine Weiterführung eines vermehrten Home-Office Einsatzes auch über die Pandemie hinaus dargestellt werden. Um die daraus resultierenden Erkenntnisse zu validieren und mögliche Trends aufzuzeigen, werden in Kapitel neun sozialempirische Methoden vorgestellt und im Weiteren eine Online-Umfrage erstellt, dessen Ergebnisse in Kapitel zehn analysiert werden. Zielgruppe dieser Umfrage sind Erwerbstätige, die im Jahr 2020 auf Grund der Corona-Pandemie einer Verlagerung des Arbeitsplatzes in ihre privaten Räumlichkeiten entgegensahen. Unter Konsolidierung der aus der Literatur und Online-Befragung resultierenden Ergebnisse sollen die der Arbeit zugrundeliegenden und im Folgenden formulierten Fragestellungen abschließend im elften Kapitel, dem Fazit, beantwortet werden.

Aus stilistischen und aus Gründen der besseren Lesbarkeit wurde in dieser Arbeit das generische Maskulinum nicht durchgängig vermieden.

1.2 Fragestellungen

Diese Arbeit beschäftigt sich mit drei zu beantwortenden zentralen Fragen:

Welchen Chancen und Herausforderungen sehen sich Arbeitgebende durch die Gewährung von Home-Office gegenüber?

Welche Auswirkungen ergeben sich für Arbeitnehmende in ihrem Arbeitsalltag aus der pandemiebedingten Verlagerung der Arbeitsstätte in die privaten Räumlichkeiten?

Welche Prognosen für die Zukunft hinsichtlich des Home-Office-Angebots in Deutschland lassen die beiderseits in der Corona-Krise gemachten Erfahrungen mit der Arbeit in privaten Räumlichkeiten zu?

2. Begriffsdefinition von Home-Office

Unter dem Begriff Home-Office wird umgangssprachlich die Tätigkeit zum Zwecke der Arbeitsverrichtung im privaten Raum des Arbeitnehmers/der Arbeitnehmerin verstanden. Hierbei wird die Tätigkeit sowohl gelegentlich als auch ständig außerhalb des Betriebes verrichtet. Da eine gesetzliche Allgemeindefinition des Begriffs Home-Office nicht vorhanden ist, wird jener ebenfalls im Kontext der Teleheimarbeit synonym verwendet. Eine diesbezügliche Begriffsdefinition wird in der Arbeitsstättenverordnung festgehalten.[3] Gemäß Arbeitsstättenverordnung erfolgt die Telearbeit unter der Voraussetzung, dass zwischen Arbeitgebenden und Arbeitnehmenden die Dauer der Beschäftigung außerhalb des Betriebes und die währenddessen zu leistende Arbeitszeit im Vorfeld vereinbart wurde. Eine vollumfängliche Einrichtung des Heimarbeitsplatzes ist definitionsgemäß erst erfolgt, sofern die diesbezüglichen Vereinbarungen innerhalb des geltenden Arbeitsvertrages oder einer gesonderten Übereinkunft festgelegt und die notwendigen technischen Arbeitsmittel zur Verfügung gestellt wurden. Der hieraus resultierende Arbeitsplatz wird im Anschluss durch den Arbeitgeber oder einer Person, die diesbezüglich beauftragt wurde, in den privaten Räumlichkeiten des Arbeitnehmers für den Arbeitszweck eingerichtet. In der Praxis erfolgt eine Beauftragung des betroffenen Arbeitnehmers.[4]

Sofern eine Einführung von Telearbeit in einem Betrieb stattfindet, ist der Betriebsrat gemäß § 87 Abs. 1 Satz 1 BetrVG (kurz: § 87 I 1 BetrVG) mitbestimmungspflichtig. Nach der Zustimmung des Betriebsrates ergibt sich im Weiteren die Notwendigkeit sowohl arbeitsrechtliche, datenschutzrechtliche und haftungsrechtliche Regularien anzupassen. Hinzukommen besteht die Pflicht des Arbeitgebers eine der Tätigkeit entsprechende Infrastruktur für den Heimarbeitsplatz zur Verfügung zu stellen.[5]

2.1 Formen

Das Arbeiten im Home-Office wird als solches abhängig der Dauer und der Art des Arbeitsortes begrifflich differenziert. Definitionsgemäß ergeben sich hieraus unter dem Oberbegriff der Telearbeit drei zu unterscheidende Haupt- und zwei Sonderformen.

---

[3] Vgl. Böhm, W. et al., Home-Office, 2017, S. 406.
[4] Vgl. Mergener, A., Begriffsdefinition, 2020, S. 6-7.
[5] Vgl. Neumann, J. et al., Home-Office, 2020, S. 2.

Zwischen den Haupt- und Sonderformen erfolgt die Differenzierung hinsichtlich der in der Arbeitsform stattfindenden individuellen oder kollektiven Tätigkeit des Arbeitnehmers.[6]

Abbildung 1: Formen der Telearbeit

Quelle: Eigene Darstellung, 2020

Alternierende Telearbeit

Während sich die klassische Teleheimarbeit auf das Arbeiten in der Wohnung des Arbeitnehmers beschränkt, kommt es bei der alternierenden Telearbeit zu einem Wechsel des Arbeitsortes.[7] Hierbei wird dem Arbeitnehmer durch den Arbeitgeber zusätzlich zum Arbeitsplatz im Unternehmen die Möglichkeit der Heimarbeit gewährt. Diesem steht weiterhin ein Büroarbeitsplatz im Betrieb zu. Aus Kostengründen sehen Arbeitgeber zumeist davon ab, MitarbeiterInnen, die einer alternierenden Telearbeit nachgehen, Einzelbüros zur Verfügung zu stellen, sofern es zu einem regelmäßigen Wechsel des Arbeitsortes kommt.[8]

Mobile Telearbeit

Die Mobile Telearbeit zeichnet sich durch wechselnden Arbeitsorte aus. Demnach wird die Arbeitsleistung durch den Arbeitnehmer vollständig abseits des Unternehmens erbracht.[9] Ursächlich hierfür ist die Tätigkeit des Arbeitnehmers, die einer hohen Flexibilität hinsichtlich des Wechsels des Arbeitsortes bedarf. Insbesondere AußendienstmitarbeiterInnen, ServicetechnikerInnen und ähnliche Berufsgruppen sind in der Praxis die Hauptanwender dieser Arbeitsgestaltungsmethode.

---

[6] Vgl. Böhm, W. et al., Home-Office, 2017, S. 405.
[7] Vgl. *Rensmann, J., Gröpler, K.*, Nachbarschaftsbüro, 1998, S. 13.
[8] Vgl. Jäckel, M., Rövekamp, C., Telearbeit, 2001, S.39-42.
[9] Vgl. Andriessen, J. H. E., Vartiainen, M., Mobile Office, 2006, S. 14.

Die Verbindung zwischen Betrieb und Arbeitnehmer erfolgt ausschließlich über Kommunikations- und Informationstechnik. Charakteristisch für die mobile Telearbeit ist eine Überschreitung einer wöchentlichen Arbeitszeit in Höhe von zehn Stunden, die außerhalb des Betriebes und der privaten Räumlichkeiten ausgeführt wird.[10]

Satellitenbüro

Das Satellitenbüro wird umgangssprachlich synonym unter den Begriffen Remote Office oder Telework-Center verwendet. Unter einem Satellitenbüro wird ein vom Arbeitgeber für den Arbeitszweck eingerichtetes Büro genannt, welches sich in der Nähe des Wohnsitzes des Arbeitnehmers befindet. Hierbei werden in den Satellitenbüros Einheiten, wie Abteilungen oder Funktionsbereiche, aus der Organisation losgelöst und wohnortnah angesiedelt.[11] Neben einer infrastrukturellen Ausweitung bietet das Satellitenbüro als Ergänzung zur Hauptverwaltung des Betriebes einen Mehrwert hinsichtlich der hierdurch vergrößerten Aktionsradien. Anders als bei einer Filiale erfolgt die Standortauswahl nicht nach dem Bedürfnis der Kundennähe oder nach Verkehrsverbindungen, vielmehr unterliegt die Standortwahl ausschließlich der Anforderung, in der Nähe des Wohnortes der ArbeitnehmerInnen zu liegen.[12]

Nachbarschaftsbüro

Angelehnt an das Konzept des Satellitenbüros, erfolgt bei einem Nachbarschaftsbüro eine Loslösung einzelner Einheiten aus dem Betrieb in Büroeinheiten.[13] Hierbei sind im Gegensatz zum Satellitenbüro jedoch neben den eigenen Arbeitnehmern auch Arbeitnehmer externer Betriebe untergebracht. Bei der Standortauswahl zählt ebenfalls das Kriterium der Nähe zu den Wohnorten der darin beschäftigten ArbeitnehmerInnen. Nachbarschaftsbüros entwickeln sich in der Praxis aus Satellitenbüros, sobald eine Auslagerung einzelner Arbeitnehmer an andere Arbeitsorte stattfindet und somit für externe Betriebe besetzbare Räumlichkeiten zur Verfügung stehen.[14]

---

10 Vgl. Maschke, M., Telearbeit, 2014, S. 220.
11 Vgl. http://www.wirtschaftslexikon24.com/d/satellitenbuero/satellitenbuero.htm, Zugriff am 14.12.2020.
12 Vgl. Godehardt, B., Satellitenbüro, 1994, S. 44.
13 Vgl. ebd., Satellitenbüro, 1994, S. 46.
14 Vgl. Rensmann, J., Gröpler, K., Nachbarschaftsbüro, 1998, S. 14-15.

2.2 Vorkommen

Mobile Technologien gewinnen zunehmend an Bedeutung. Auf Grund der Vielseitigkeit der Nutzbarkeit mobiler Technologien, bei gleichzeitiger Abdeckung aller menschlichen Aktivitäten, wurden diese zu einem festen Bestandteil in privaten als auch beruflichen Bereichen. Was zunächst im beruflichen Alltag mit Firmenhandys begann, mündete mit der Weiterentwicklung der Technologien in die Möglichkeit, ganze Arbeitsplätze außerhalb des Betriebes zu schaffen, welche eine Konnektivität mit dem Firmennetzwerk aufweisen.[15]

Dennoch stellt in Deutschland der Anteil an ArbeitnehmerInnen, die im Home-Office arbeiten, keine Mehrheit dar. So nehmen die Angebote der Arbeitgeber hinsichtlich einer Heimtätigkeit zu, nichtsdestotrotz verfolgen die innerdeutschen Betriebe eine Anwesenheitskultur.[16] Innerhalb repräsentativer und im Turnus von zwei Jahren erfolgenden Befragungen von Betrieben und Beschäftigten kann das Bundesministerium für Arbeit und Soziales in Zusammenarbeit mit dem Institut für Arbeitsmarkt- und Berufsforschung aussagekräftige Ergebnisse zu jener deutschen Anwesenheitskultur liefern. Hierbei wurden in jeder Befragungsperiode eine Mindestanzahl von 771 Betrieben, mithin 6.779 Beschäftigten, herangezogen. Der hieraus resultierende Datensatz namens Linked Personnel Panel bezieht sowohl die Ebene des Betriebes als auch die der Arbeitnehmer ein, wobei er hierbei gleichermaßen auf die Unternehmenskultur und das Personalmanagement eingeht.[17] Dies ermöglicht die Darstellung von Wirkungsbeziehungen zwischen Instrumenten des Personalmanagements und der Arbeitsqualität, bis hin zu dem betrieblichen Erfolg.[18]

26 Prozent der Betriebe in Deutschland unterbreiten ihren ArbeitnehmerInnen die Möglichkeit, im Home-Office zu arbeiten. Hiervon bieten 15 Prozent an, ihre Arbeitsleistung auch außerhalb ihrer privaten Räumlichkeiten, etwa auf Dienstreisen, zu verrichten. Gemessen an der herrschenden Beschäftigtenzahl in Deutschland ergibt sich ein 15-prozentiger Anteil an ArbeitnehmerInnen, die der Gewährung von Home-Office-Modellen entgegensehen. Eine Annahme über die Verbreitung

---

[15] Vgl. Castells, M. et al., Transformation, 2007, S. 77- 78.
[16] Vgl. Mergener, A., Begriffsdefinition, 2020, S. 7-10.
[17] Vgl. https://fdz.iab.de/de/Integrated_Establishment_and_Individual_Data/lpp.aspx, Zugriff am 21.12.2020.
[18] Vgl. https://www.ssoar.info/ssoar/bitstream/handle/document/47252/ssoar-2014-bellmann_et_al-Arbeitsqualitat_und_wirtschaftlicher_Erfolg_Langsschnittstudie.pdf?sequence=1&isAllowed=y&lnkname=ssoar-2014-bellmann_et_al-Arbeitsqualitat_und_wirtschaftlicher_Erfolg_Langsschnittstudie.pdf, Zugriff am 21.12.2020.

von Home-Office in Deutschland wird jedoch nicht ausschließlich an zur Verfügung stellenden Betrieben bemessen. Als weiteres Kriterium für die Ermittlung der Nutzung findet auch eine Betrachtung der ArbeitnehmerInnen statt, die einen tatsächlichen Zugang hierzu haben.[19] Zunächst wird eine Betriebs- und Beschäftigtenbefragung durchgeführt, um die Wahrnehmung des Anteiles der Home-Office Nutzer abzubilden, und anschließend verglichen. Die ArbeitnehmerInnen gehen im Vergleich zum Betrieb von einem größeren Anteil der Beschäftigten aus, die im Home-Office tätig sind. Dies ist auf unterschiedliche Auslegungen der Art und des Umfangs der Home-Office Tätigkeit zurückzuführen. Während die Betriebe von einer Home-Office-Tätigkeit ausgehen, die auf Grund von zuvor vereinbarten Rahmenbedingungen für eine langfristige Tätigkeit für einen Arbeitnehmer verhandelt wurde, zählen Arbeitnehmer auch unregelmäßige, situationsbedingte und außerhalb der Arbeitszeit stattfindende Tätigkeiten hinzu.[20]

Abbildung 2: Home-Office Verbreitung nach Tätigkeitsfeld

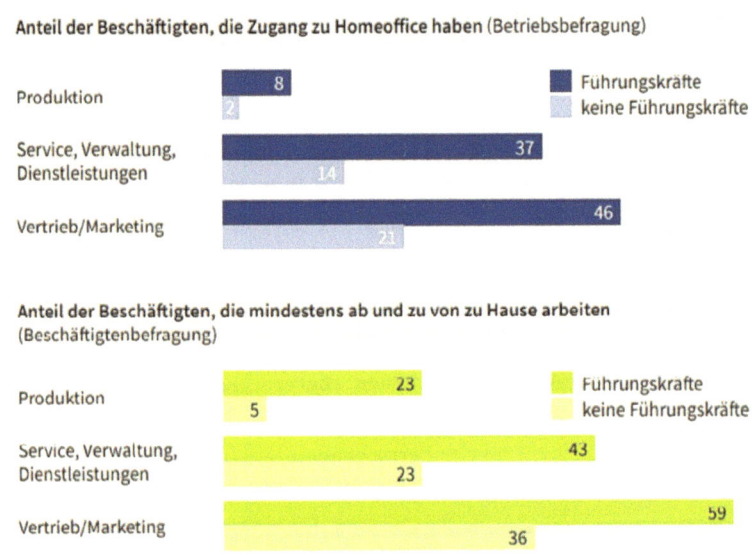

Quelle: Institut für Arbeitsmarkt- und Berufsforschung, IAB-Kurzbericht, 2019

---

[19] Vgl. Herrmann, M., Cordes, R., Vorkommen, 2020, S. 5-6.
[20] Vgl. *http://doku.iab.de/kurzber/2019/kb1119.pdf*, Zugriff am 21.12.2020.

Aus der Befragung ergibt sich hinsichtlich des Vorkommens nach Tätigkeit, bei einer Unabhängigkeit der Abteilung, eine Mehrheit der Nutzenden in der Führungsebene. ArbeitnehmerInnen, die eine Führungsverantwortung besitzen, nutzen das Home-Office Angebot in den vorliegenden Abteilungen doppelt so häufig wie ArbeitnehmerInnen ohne Führungsverantwortung. Im Funktionsbereich Vertrieb und Marketing zeigt sich die absolute Mehrheit der Nutzer unabhängig vorhandener Führungsverantwortung. In der Zeitspanne der Jahre von 2013 bis 2017 konnte eine Steigerung der Home-Office Nutzer von 19 zu 22 Prozent verzeichnet werden. Hierbei ist erkennbar, dass der Anteil an Nutzern ohne Führungsverantwortung von 13 auf 17 Prozent, im Vergleich zu den Nutzern mit Führungsverantwortung, einem stetigen Wachstum ausgesetzt ist. Der Anteil der Führungskräfte weist hingegen in derselben Zeitspanne einen konstanten, leicht ansteigenden Wert auf.[21]

2.3 Rechtliche Situation

Im Gegensatz zu anderen Ländern, wie den Niederlanden, sieht die Bundesrepublik Deutschland keinen Rechtsanspruch in Bezug auf die Inanspruchnahme von Home-Office. So obliegt dem Arbeitgeber gemäß § 106 Satz 1 GewO (kurz: § 433 1 GewO) die alleinige Entscheidungsmacht über den Ort, an dem die Arbeitsleistung des Arbeitnehmers erbracht werden soll, soweit keine anderslautende Bestimmung durch einen Arbeitsvertrag, eine Betriebsvereinbarung oder einen zu Grunde liegenden Tarifvertrag gilt.[22] Der Arbeitgeber hat die Möglichkeit, dem Wunsch auf Inanspruchnahme von Home-Office durch den Arbeitnehmer entgegenzukommen. Die Entscheidung über die Gewährung obliegt dem Ermessen des Arbeitgebers, hierbei hat der Arbeitgeber auf Beeinträchtigungen des Arbeitnehmers Rücksicht zu nehmen.[23] Jedoch kann der Arbeitgeber andersherum den Arbeitnehmer nicht anweisen, sich in das Home-Office zu begeben. Dies stellt einen unrechtmäßigen Eingriff in die Privatsphäre des Arbeitnehmers dar, da in diesem Falle auf die privaten Ressourcen des Arbeitnehmers zurückgegriffen wird.[24]

---

[21] Vgl. http://doku.iab.de/kurzber/2019/kb1119.pdf, Zugriff am 21.12.2020.
[22] Vgl. Müller, S., Arbeitsrecht, 2019, S. 39 ff.
[23] Vgl. Böhm, W. et al., Home-Office, 2017, S. 407.
[24] Vgl. https://www.dgb.de/themen/++co++340dd524-69ce-11ea-90cc-52540088cada#home-office_anspruch, Zugriff am 24.11.2020.

Rechtsanspruch während der Corona-Pandemie

Grundsätzlich unterliegt der Arbeitnehmer der Hauptleistungspflicht, die sich als solche aus § 611a Abs. 1 Satz 1 BGB (kurz: § 611a I 1 BGB) ergibt. Diese besagt, dass der Arbeitnehmer seine Arbeitsleitung zur Verfügung stellen muss. Im Gegenseitigkeitsverhältnis obliegt der Arbeitgeber der Pflicht eine Vergütung für die erbrachte Arbeitsleistung des Arbeitnehmers zu entrichten, § 611a Abs. 2 BGB (kurz: § 611a 2 BGB).[25] Bei Nichterbringung der Arbeitsleistung sind arbeitsrechtliche Folgen als Konsequenzen anzunehmen. Eine Ausnahme erfolgt hierbei nur, sofern der Arbeitnehmer über ein Zurückbehaltungsrecht nach § 273 Abs. 1 BGB (kurz: § 273 I BGB) verfügt.[26] In Hinblick auf die Corona-Pandemie besteht ein solches Zurückbehaltungsrecht, wenn eine Unzumutbarkeit in Hinblick auf die Verrichtung der Arbeitsleistung im Betrieb vorliegen könnte.[27] Dies ist bei Risikogruppen auf Grund der Infektiosität des Coronavirus der Fall. Arbeitnehmer, die einer Risikogruppe zuzuordnen sind, erhalten eine diesbezügliche Bescheinigung durch ihren behandelnden Arzt. Dies hat zur Folge, dass der Arbeitgeber zusätzliche Schutzmaßnahmen, die sich aus der Gefährdungsbeurteilung des Arbeitsplatzes ergeben, im Betrieb treffen muss. Demzufolge ergibt sich ein Anspruch auf Home-Office für jenen Arbeitnehmer erst, sofern ein unvertretbares Restrisiko besteht, obwohl zusätzliche Schutzmaßnahmen im Betrieb getroffen wurden.[28]

---

[25] Vgl. Fischinger, P., Hauptleistungspflicht, 2018, S. 269.
[26] Vgl. Domenig, P., Rechtsanspruch, 2016, S. 129.

[28] Vgl. Reifelsberger, C., Praxishinweise, 2020, S. 25 – 26.

3. Home-Office in Zeiten der Corona-Pandemie

Im Zuge der durch die Bundesregierung beschlossenen Sicherheitsmaßnahmen zur Eindämmung der Ausbreitung des Coronavirus erhielten Arbeitnehmer, deren Tätigkeit es zuließ, die Möglichkeit, ihre Arbeitsleistung von Zuhause aus zu erbringen. Dies stellte vor allem Betriebe und ArbeitnehmerInnen, die zuvor keine Erfahrung mit Home-Office hatten, vor Schwierigkeiten.[29]

3.1 Begriffsdefinition der Corona-Pandemie

Im Jahr 2020 breitete sich die Infektionskrankheit SARS-CoV-2, die im allgemeinen Sprachgebrauch als Coronavirus bekannt ist, weltweit aus. Erstmals konnte das Virus am 31. Dezember 2019 in einer chinesischen Millionenstadt namens Wuhan verzeichnet werden. Dieses konnte zunächst nicht als solches von den chinesischen Behörden identifiziert werden. In der dazu verfassten Mitteilung an die WHO gaben diese an, Lungenentzündungen bei Patienten festgestellt zu haben, deren Ursache jedoch unbekannt sei.[30] Angesichts weiterer infizierter Personen benannten die chinesischen Behörden am 07. Januar 2020 offiziell das Coronavirus als Ursache der Lungenerkrankungen, das sich innerhalb kürzester Zeit pandemisch verbreitete.[31] Entsprechend verkündete dann auch auf Grund dieser weltweiten dramatischen Zunahme der Infektionsfälle am 11. März 2020 Dr. Tedros Adhanom Ghebreyesus, der zum Geschehenszeitpunkt Generaldirektor der WHO war, dass der zugrundeliegende Virus sich durch seine Infektiosität zu einer Pandemie entwickelt hat. Zu jenem Zeitpunkt konnte das Virus in 114 Ländern mit 118.000 gemeldeten Erkrankungen, welche in 4.291 Fällen tödlich endeten, verzeichnet werden.[32]

Der Virus wird über die Atmung, somit mit dem Einatmen von virushaltigen Tröpfchen oder Aerosolen übertragen. Jene Tröpfchen und Aerosole entstehen durch unbeabsichtigte Handlungen wie Atmen, Husten oder Niesen oder bewusst getätigte Handlungen wie dem Sprechen, Singen oder Schreien. In Abhängigkeit der Temperatur und Luftfeuchtigkeit, die am Geschehensort herrschen, schweben die

---

[29] Vgl. Lindner, D., Virtuell, 2020, S. 4-5.
[30] Vgl. https://www.euro.who.int/de/health-topics/health-emergencies/coronavirus-covid-19/novel-coronavirus-2019-ncov, Zugriff am 24.11.2020.
[31] Vgl. https://www.who.int/emergencies/diseases/novel-coronavirus-2019/question-and-answers-hub/q-a-detail/coronavirus-disease-covid-19, Zugriff am 24.11.2020.
[32] Vgl. https://www.who.int/dg/speeches/detail/who-director-general-s-opening-remarks-at-the-media-briefing-on-covid-19---11-march-2020, Zugriff am 24.11.2020.

Aerosole in der Luft und verteilen sich. Demnach ist ein Infektionsrisiko bei einer Abstandsunterschreitung von 1,5 m und bei größeren Distanzen zu infizierten Personen in unbelüfteten Räumlichkeiten gegeben. Ebenso besteht die Möglichkeit einer Ansteckung über kontaminierte Flächen.[33]

Da das Coronavirus eine Inkubationszeit von 5 bis 6 Tagen aufweist und eine Symptomatik nicht zwingend mit der Infektion einhergeht, besteht ein erhöhtes Risiko, dass sich die Bevölkerung unwissentlich untereinander infiziert. Auch bei Krankheitsverläufen, die mit Symptomen erfolgen, sind jene als solche nicht ohne virologische Diagnostik mit dem Coronavirus in Verbindung zu bringen.[34] Das deutsche Meldesystem erfasste neben Erkältungssymptomen wie Schnupfen, Husten und Fieber zwei, für den Virus spezifische Symptome - der Verlust des Geschmacks- und des Geruchssinns. Während die Symptomatik variiert, variiert ebenfalls die Schwere des Krankheitsverlaufes. So sind neben symptomlosen Infizierungen ebenso Pneumonien mit Todesfolge zu verzeichnen.[35]

---

[33] Vgl. https://www.rki.de/DE/Content/InfAZ/N/Neuartiges_Coronavirus/Steckbrief.html;jsessionid=9D37D5F8CA3C440C15F5E0B79F8D0B6E.internet082#doc13776792bodyText2, Zugriff am 11.02.2021.

[34] Vgl. https://www.rki.de/DE/Content/Kommissionen/Stakob/Stellungnahmen/Stellungnahme-Covid-19_Therapie_Diagnose.pdf?__blob=publicationFile, Zugriff am 11.02.2021.

[35] Vgl. https://gesund.bund.de/covid-19?pk_campaign=ghp, Zugriff am 01.12.2020.

Abbildung 3: Symptomatik Corona-Infizierter in Deutschland

Husten	41 %
Fieber	31 %
Schnupfen	24 %
Störung des Geruchs- und/oder Geschmackssinns*	21 %
Pneumonie	2,0 %

Weitere Symptome:
Halsschmerzen, Atemnot, Kopf- und Gliederschmerzen, Appetitlosigkeit, Gewichtsverlust, Übelkeit, Bauchschmerzen, Erbrechen, Durchfall, Konjunktivitis, Hautausschlag, Lymphknotenschwellung, Apathie, Somnolenz.

* In Deutschland werden seit der 17. KW für die COVID-19-Fälle Geruchs- und Geschmacksverlust als Symptome erfasst. In vielen internationalen Studien wurde bei über der Hälfte der Probanden ein Geruchs- und/oder Geschmacksverlust beschrieben (72-74). Diese deutlich höhere Prävalenz resultiert vermutlich aus der intensiveren Ermittlung solcher Symptome unter Studienbedingungen im Vergleich zum Meldewesen.

Quelle: *Robert Koch-Institut*, Epidemiologischer Steckbrief zu SARS-CoV-2 und COVID-19, 2020

3.2 Maßnahmen

Gefährdungsanalysen des Robert Koch-Instituts ergaben, dass Infektionen vorrangig durch engen Kontakt unter Menschen übertragen werden. Hierbei erfolgt der Kontakt ungeschützt oder indirekt über Oberflächen. Aufgrund dessen erfolgten aus entsprechenden Erkenntnissen und Erfahrungen Maßnahmen und Empfehlungen, die der Bevölkerung unterbreitet wurden.36 Ziel davon war, die Weiterverbreitung des Virus einzudämmen und somit eine Kontrollierbarkeit zu schaffen.[37] Jene Maßnahmen und Empfehlungen wurden situationsabhängig in einem zweiwöchigen Turnus neu verhandelt und beschlossen.[38]

---

[36] Vgl. https://www.rki.de/DE/Content/Kommissionen/Stakob/Stellungnahmen/Stellungnahme-Covid-19_Therapie_Diagnose.pdf?__blob=publicationFile, Zugriff am 11.02.2021.
[37] Vgl. Becker, M., Maßnahmen, 2020, S. 4-5.
[38] Vgl. https://www.bundesregierung.de/breg-de/aktuelles/bund-laender-beschluss-1804936, Zugriff am 04.12.2020.

Kontaktbeschränkungen

Infolge der raschen Ausbreitung des Coronavirus auch in Deutschland, beschlossen Bund und Länder ein im Folgenden kurz skizziertes Maßnahmenbündel zur Kontaktreduktion. Dieses beinhaltet Regelungen, die sowohl private Zusammenkünfte in den eigenen Haushalten als auch private Zusammenkünfte im öffentlichen Raum einschränkten.[39] Die Menschen wurden und werden dazu angehalten, ihre Kontakte untereinander, insbesondere außerhalb des eigenen Familienkreises oder Haushaltes, auf ein Mindestmaß herunterzufahren. Ebenfalls sind bundesweit Hygieneregeln für den privaten und öffentlichen Bereich verabschiedet worden, um auch bei zufälligen Treffen eine Infektion auszuschließen. So sind ab dem 01. Dezember 2020 Zusammenkünfte privater Natur nur innerhalb zu zwei Hausständen gehörenden Personenkreisen gestattet gewesen. Hierbei wurde jedoch eine Obergrenze mit fünf Personen angegeben. Die Ordnungsbehörden sanktionieren entsprechende Verstöße.[40]

Einschränkungen von Reisen im In- und Ausland

Weiter erfolgte die Maßgabe, auf Reisen zu verzichten, die im privaten und beruflichen Kontext vermeidbar sind. Sowohl im In- als auch im Ausland wurden unterschiedliche Beschränkungsmaßnahmen beschlossen. Diese richteten sich nach dem vorliegenden Infektionsgeschehen und wurden dementsprechend verschärft oder gelockert. Auf Grund dieser agilen Handlungsweise bergen Reisen zusätzliche Risiken in Hinblick auf individuelle zu erfüllende Einreisebestimmungen der Länder als auch Stornierungen von Rückreiseangeboten der Fluggesellschaften. Weiter gehen mit der Ein- und Ausreise Quarantänebestimmungen für die Reisenden einher.[41]

Schließungen von Freizeit- und Kulturangeboten

Angesichts der Menschenansammlungen, die sich in Kulturstätten und Freizeitangeboten bilden, ist die Einhaltung der Abstandsgebote nicht gewährleistet. Gemäß des Robert Koch-Instituts begünstigen jene Freizeitaktivitäten die Übertragung des Coronavirus. Denn hieraus ergibt sich ein Problem innerhalb der Erfassungs-

---

[39] Vgl. https://www.bundesregierung.de/breg-de/themen/coronavirus/corona-massnahmen-1734724, Zugriff am 11.02.2021.
[40] Vgl. https://www.bundesregierung.de/breg-de/aktuelles/mpk-corona-1820046., Zugriff am 04.12.2020.
[41] Vgl. https://www.auswaertiges-amt.de/de/quarantaene-einreise/2371468, Zugriff am 04.12.2020.

möglichkeiten der Infektionsketten. So beschloss die Bundesregierung Gastronomiebetriebe und Einrichtungen, die Freizeitaktivitäten anbieten, zu schließen. Gleiches galt für Sportveranstaltungen oder Vereinssportarten, die Ausnahme innerhalb des Ausübungsverbotes galt dem Individualsport unter Einhaltung der Kontaktbeschränkungsmaßnahmen. Neben den freizeitbildenden Aktivitäten standen Dienstleistungsbetriebe, die ihren Schwerpunkt in der Körperpflege haben, ebenfalls Schließungen gegenüber.[42]

3.3 Home-Office Empfehlung an die Betriebe

Jene zuvor beschriebenen Einschränkungen des öffentlichen Lebens sollten durch eine zusätzliche Home-Office Empfehlung an die Betriebe unterstützt werden. Denn neben der durch die Maßnahmen abgedeckten Infektionsumfelder ergeben sich ebenso Infektionsrisiken aus den Arbeitsplätzen der Bevölkerung.[43]

---

[42] Vgl. https://www.bundesregierung.de/breg-de/aktuelles/bund-laender-beschluss-1804936, Zugriff am 04.12.2020.

[43] Vgl. https://www.bundesregierung.de/resource/blob/997532/1805024/5353edede6c0125ebe5b5166504dfd79/2020-10-28-mpk-beschluss-corona-data.pdf, Zugriff am 04.12.2020.

Abbildung 4: Infektionsstätten in Deutschland

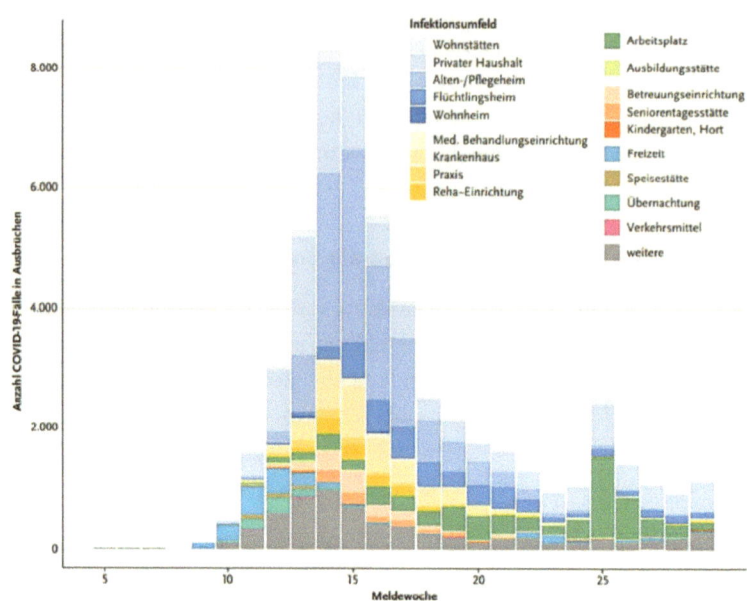

Quelle: Robert Koch-Institut, Epidemiologisches Bulletin, 2020

Die Infektionen, die durch den Kontakt mit Menschen am Arbeitsplatz erfolgen, sind im Verhältnis zu den Ansteckungsraten in Wohnstätten, privaten Haushalten oder Pflegeheimen vergleichsweise gering einzuschätzen. Jedoch zeigt dieses Infektionsfeld eine ganzjährige Präsenz auf, da ArbeitnehmerInnen trotz privater Einschränkungen ihrem gewohnten Arbeitsalltag nachgehen.44 So konnte insbesondere in der Kalenderwoche 25 ein Anstieg an Infektionsfällen am Arbeitsplatz festgestellt werden. Neben der Einführung von Corona Arbeitsschutzregeln, die das Lüften oder Abstandsregelungen beinhalten, erfolgte weiter eine Umgestaltung der Arbeits- und Pausenzeiten, mithin zu einem verstärkten Gebrauch von Home-Office. Betriebe, die der Empfehlung der Bundesregierung hinsichtlich zusätzlicher Arbeitsschutzmaßnahmen bis hin zur Gewährung von Home-Office nachkamen, wurde außerdem ein rechtssicheres Handeln zugesagt.45

---

44 Vgl. Voß, A. et al., Infektionsschutz, 2020, S. 2.
45 Vgl. https://www.bundesregierung.de/breg-de/themen/coronavirus/corona-arbeitsschutzregel-1775870, Zugriff am 05.12.2020.

Nach Angaben der repräsentativen Umfrage der Bitkom Research befanden sich im Jahr 2020 25 Prozent der Berufstätigen, dementsprechend 10,5 Millionen Menschen, vollständig im Home-Office. Weitere 8,3 Millionen Berufstätige, 20 Prozent, befanden sich tageweise im Home-Office. Hieraus ergibt sich auf Grund der Corona-Pandemie eine Home-Office Nutzung von nahezu jedem zweiten Erwerbstätigen in Deutschland.46

Abbildung 5: Home-Office Nutzung während der Corona-Pandemie

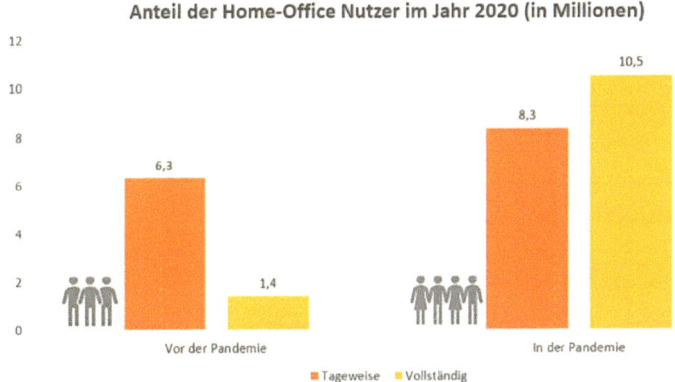

Quelle: Eigene Darstellung, In Anlehnung an *Bitkom Research,* Corona macht HomeOffice massentauglich, 2020

---

46 Vgl. https://www.bitkom.org/Presse/Presseinformation/Mehr-als-10-Millionen-arbeiten-ausschliesslich-im-Homeoffice, Zugriff am 02.02.2020.

4. Perspektive des Arbeitgebers

Die Rechtsprechung hat den Begriff des Betriebes, welcher erstmals in den 1920er Jahren in dieser Weise beschrieben wurde, als „organisatorische Einheit, innerhalb derer ein Arbeitgeber allein oder mit seinen Arbeitnehmern mit Hilfe von technischen und immateriellen Mitteln bestimmte arbeitstechnische Zwecke fortgesetzt verfolgt, die sich nicht in der Befriedigung von Eigenbedarf erschöpfen"[47] definiert. Der zunehmend digitale Arbeitsalltag ändert sowohl rechtliche Komponenten als auch die Anforderungen an die Koordination. Die zuvor angewandten Grundstrukturen, die sich aus der Gegebenheit des Betriebes ergeben haben und durch Arbeitgeber und Arbeitnehmer als selbstverständlich angenommen wurden, werden den digitalen Anforderungen angepasst. Gleichzeitig entfällt im Home-Office das offensichtliche Bild des gemeinschaftlichen Arbeitens. So entfällt die physische Einheit und verwandelt sich in eine rein gedankliche und digitale Verbundenheit der Arbeitnehmer im Schaffungsprozess.[48]

4.1 Chancen

Eine Begünstigung des Home-Office Modells findet in jenen Betrieben statt, in denen die Interessen der Parteien, der Arbeitnehmer und des Arbeitgebers, in einer komplementären Beziehung zueinanderstehen. Dies bedeutet, dass sowohl betriebswirtschaftliche Vorteile als auch Interessen des Arbeitnehmers berücksichtigt werden. Hierbei entstehen keine Ängste oder Unsicherheiten in Hinblick auf den Arbeitsplatz.[49] Aus der Möglichkeit des Home-Office ergeben sich für den Arbeitgeber Vorteile hinsichtlich einer Reduktion der Betriebskosten bei gleichzeitiger Steigerung der Mitarbeiterzufriedenheit – die wiederrum mit einem Anstieg der Effizienz der Arbeitnehmer einhergeht.[50]

Die Verlagerung des Arbeitsplatzes ermöglicht eine orts- und zeitzonenunabhängige Zusammenarbeit in Teams, mit Kunden oder Sachkundigen. Dem Arbeitnehmer ist es möglich, durch die Verteilung der Arbeitszeit über unterschiedliche Tageszeiten mehrere Zeitzonen abdecken und bedarfsgerechte Servicezeiten anbieten zu können. Aus diesen Änderungen profitiert der Betrieb, da sich hieraus

---

[47] Giesen, R., Kersten, J., Home-Office, 2018, S. 125 zitiert nach BAG, 23.09.1982, 6 ABR 42/81, S. 724.
[48] Vgl. Giesen, R., Kersten, J., Home-Office, 2018, S. 131.
[49] Vgl. Karcher, B., Anforderungen, 1989, S. 77.
[50] Vgl. Böhm, W. et al., Home-Office, 2017, S. 406.

Chancen ergeben, globale Projekte anzugehen, die zuvor durch die im Betrieb herrschende fehlende Agilität den Arbeitnehmer vor Zeitprobleme stellte. Das globale und flexible Handlungsangebot wirkt sich ebenfalls positiv auf das Image aus, welches zusätzlich neue Marktpotenziale schafft. Zudem vergrößert sich für den Betrieb der Radius für die Suche und Einstellung von Fachkräften. Eine ortsflexible Ausschreibung erhöht die Auswahl und somit die Qualität innerhalb der Kandidatenauswahl.[51]

Gleichzeitig profitieren die Betriebe von der Produktivitätssteigerung der Arbeitnehmer. 56 Prozent der Arbeitnehmer, die bereits Erfahrungen im Home-Office sammeln konnten, geben an, im Home-Office effektiver arbeiten zu können. Weitere 38 Prozent geben an, dass ihnen das Home-Office eine längere nutzbare Arbeitszeit ermöglicht.[52]

4.2 Risiken

Aspekte wie Kosten und die vermeintlich stagnierende Leistungsfähigkeit des Arbeitnehmers bilden im Gesamtbild jener Aspekte, warum Home-Office durch den Arbeitgeber gering bis gar nicht gefördert oder erlaubt wird, eine Nebenrolle. [53] Die Hemmnisse bezüglich der Verlegung des Arbeitsplatzes ergeben sich vielmehr aus Erschwernissen, die sich aus der Veränderung der Beziehung zum Arbeitnehmer und den Anforderungen an den Arbeitsplatz ergeben.[54]

---

[51] Vgl. Lindner, D., Virtuell, 2020, S. 9.
[52] Vgl. ebd., Virtuell, 2020, S. 10.
[53] Vgl. Karcher, B., Anforderungen, 1989, S. 76.
[54] Vgl. Müller, S., Führung, 2018, S. 149.

Abbildung 6: Wahrnehmung der Risiken durch den Arbeitgeber

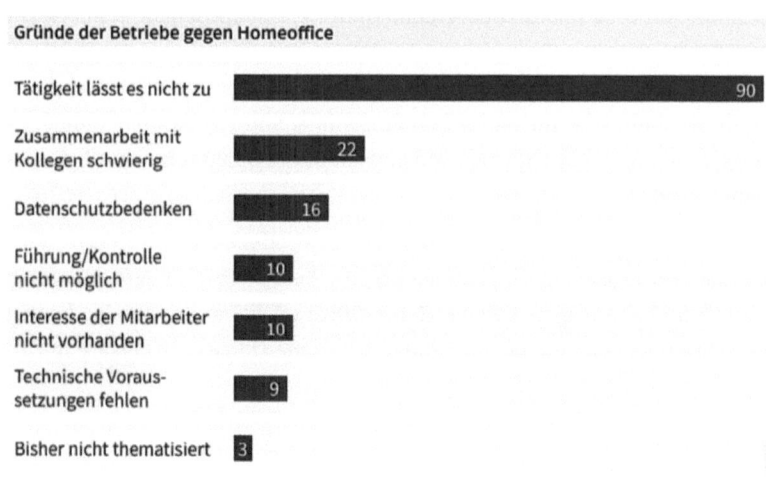

Quelle: Institut für Arbeitsmarkt- und Berufsforschung, IAB-Kurzbericht, 2019

In dem Angebot und der Nutzung von Home-Office sind Unterschiede zu verzeichnen, die auf die notwendige Beschaffenheit des Arbeitsplatzes zurückzuführen sind. Tätigkeiten, die im administrativen Bereich angesiedelt sind, bieten grundsätzlich die notwendigen Voraussetzungen für eine Verlegung des Arbeitsplatzes in private Räumlichkeiten des Arbeitnehmers. Diese Annahme verändert sich, sofern die administrative Tätigkeit die Verarbeitung personenbezogener Daten beinhaltet.[55] Dies stellt den Betrieb vor eine datenschutzrechtliche Hürde, da jene Daten vor Dritten geschützt werden müssen. Auf Grund der Vorabbewertung der Eignung des Arbeitsplatzes können für den Betrieb ungeeignete Arbeitsplätze im Vorfeld identifiziert und ausgeschlossen werden. Dies setzt voraus, dass eine vollumfängliche Betrachtung des Arbeitsplatzes stattfindet.[56] Eine datenschutz- und datensicherheitsrichtlinienkonforme Nutzung von personenbezogenen Daten oder Betriebsgeheimnissen ist jedoch im privaten Umfeld durch den Betrieb nicht kontrollierbar und somit nicht gänzlich auszuschließen.[57]

Ein Vorgesetzter, der durch den Arbeitnehmer als unterstützend und hinsichtlich Ideen fördernd wahrgenommen wird, trägt zur Motivation und der Produktivität des Arbeitnehmers bei. Hieraus erschließt sich im Weiteren ein Zusammenhang

---

[55] Vgl. Wilde, C., Datenschutz, 1996, S. 180.
[56] Vgl. Däubler, W., Rahmenbedingungen, 2018, S. 403.
[57] Vgl. Hellert, U., Arbeitszeitmodelle, 2018, S. 111-113.

zwischen der subjektiven Wahrnehmung des Führungsverhaltens des Vorgesetzten durch den Arbeitnehmer und dem Gesundheitszustand desselbigen.[58] Ein solcher Zusammenhang lässt sich auf Grund der Erkenntnisse einer durch die AOK in den Jahren von 2004 bis 2009 durchgeführten Umfrage mit dem Namen „Gesunde Unternehmen" untermauern. Hierbei erfolgte eine Befragung von 28.223 Mitarbeitern bezüglich ihrer Arbeitsbedingungen. Diese kamen aus unterschiedlichen Branchen und verteilten sich auf 147 Betriebe in Deutschland.[59]

Abbildung 7: Beziehung Führungsverhalten und gesundheitliche Beschwerden

Tab. 3.2 Führungsverhalten und Häufigkeit gesundheitlicher Beschwerden

Frage	Antwort	Anteil mit Gesundheitsbeschwerden in %	durchschnittliche Anzahl Gesundheitsbeschwerden
Ist der Umgang zwischen Vorgesetzten und Mitarbeitern kollegial?	„ja"	67,3	3,09
	„selten" oder „nie"	81,5	4,59
Ist Ihr Vorgesetzter auf Probleme bei der Arbeit ansprechbar?	„ja"	70,3	3,96
	„selten" oder „nie"	82,5	5,25
Kümmert sich Ihr Vorgesetzter um Schwierigkeiten?	„ja"	70,7	3,80
	„selten" oder „nie"	81,1	4,83
Nimmt sich Ihr Vorgesetzter ausreichend Zeit für Ihre Anliegen?	„ja"	69,2	4,40
	„selten" oder „nie"	80,2	5,63
Informiert Ihr Vorgesetzter Sie rechtzeitig und ausreichend?	„ja"	68,7	3,45
	„selten" oder „nie"	79,5	4,69
Sorgt Ihr Vorgesetzter dafür, dass die Arbeit gut geplant wird?	„ja"	73,6	5,79
	„selten" oder „nie"	83,5	7,25
Bespricht Ihr Vorgesetzter Ihre Aufgaben ausreichend mit Ihnen?	„ja"	71,6	3,10
	„selten" oder „nie"	78,3	3,97
Bekommen Sie von Ihrem Vorgesetzten Rückmeldung?	„ja"	63,9	2,37
	„selten" oder „nie"	72,0	3,16
Erkennt Ihr Vorgesetzter gute Leistungen lobend an?	„ja"	68,0	2,77
	„selten" oder „nie"	78,6	3,77
Fühlen Sie sich von Ihrem Vorgesetzten stark kontrolliert?	„ja"	72,1	3,15
	„manchmal" oder „nein"	61,3	1,83
Beachtet Ihr Vorgesetzter Ihre Meinung?	„ja"	65,3	2,07
	„selten" oder „nie"	73,1	2,98
Nimmt Ihr Vorgesetzter Rücksicht?	„ja"	65,0	2,29
	„selten" oder „nie"	79,0	3,72
Fühlen Sie sich von Ihrem Vorgesetzten gerecht behandelt?	„ja"	78,0	2,84
	„selten" oder „nie"	82,7	4,74

Fehlzeiten-Report 2011

Quelle: Zok, K, Führungsverhalten und Auswirkungen auf die Gesundheit der Mitarbeiter, 2011, S.33

---

[58] Vgl. Lindner, D., Virtuell, 2020, S. 49-53.
[59] Vgl. Zok, K., Beschäftigtenbefragung, 2010, S. 24-28.

Anhand des in der Umfrage behandelten Teilgebietes, welches sich mit der Beziehung des Führungsverhaltens und dem Gesundheitszustand der Arbeitnehmer beschäftigte, lässt sich eine Abhängigkeit dieser Faktoren erkennen. So ergibt sich ein Zusammenhang aus einer durch den Arbeitnehmer wahrgenommenen negativen Führungsbewertung und dem Anteil und Art der Gesundheitsbeschwerden der Mitarbeiter. Bei positiver Führungsbewertung ist eine entsprechende Abnahme der Häufigkeit der Gesundheitsbeschwerden zu verzeichnen.[60]

Die Anpassung des Führungsstils unterliegt einer zusätzlichen Erschwernis, da der Arbeitgeber sich durch die Gewährung von Home-Office selbst in eine Situation des Kontrollverlustes begibt. Die Steuerungssituation, die sich zwischen Weisungsbefugten und Weisungsgebundenem befindet, leidet unter der erschaffenen räumlichen Distanz. Hieraus ergibt sich die Pflicht eine neue Führungsart zu etablieren, die der im Betrieb gelebten ebenbürtig ist.[61]

---

[60] Vgl. Zok, E., Gesundheit, 2011, S. 28-35.
[61] Vgl. Peters, K., Führung, 2013, S. 34.

5. Perspektive des Arbeitnehmers

Die Erfahrungsstufen hinsichtlich einer Tätigkeit im Home-Office fallen unter den Beschäftigten in Deutschland unterschiedlich aus. Während ein Teil der Beschäftigten bereits Erfahrungen sammeln konnte, wurde der Mehrheit der Beschäftigten zuvor keine oder nur eine unregelmäßige Möglichkeit des Home-Office gewährt. Aus der Corona-Pandemie ergeben sich notwendige Anpassungen für den Arbeitnehmer. Diese betreffen sowohl eine Änderung des Arbeitsortes als auch der Arbeitsweise und das Zusammenspiel aus Arbeits- und Familienleben.[62]

5.1 Chancen

Durch die Inanspruchnahme von Home-Office werden für den Arbeitnehmer Vorteile in Hinblick auf das Privatleben geschaffen. Auf Grund der Verlagerung des Arbeitsortes in die Wohnung des Arbeitnehmers fällt die Anreise zum Betrieb weg. Die gewonnene Zeit kann flexibel für die frühere Erbringung der Arbeitszeit oder private Zwecke genutzt werden. Gleichzeitig bedeutet der Wegfall des Arbeitsweges eine Einsparung der zuvor erbrachten Fahrtkosten.[63] Im Weiteren geht mit dem Home-Office Modell eine Flexibilisierung der Arbeitszeitgestaltung einher. Diese ermöglicht innerhalb der vorgeschriebenen Gesamtarbeitszeit, unterschiedliche Zeitzonen abzudecken, Leistungsspitzen gezielt zu nutzen oder konzentrationsfordernde Aufgaben in Zeiten zu verlegen, die ruhiger sind.[64]

Ebenfalls sind der berufliche Alltag und das Familienleben durch das Home-Office besser miteinander vereinbar. Auf Grund der kompletten oder teilweisen Verlagerung des Arbeitsortes und einer hinzukommenden Flexibilität in den Arbeitszeiten ist es möglich, das Familien- und Arbeitsleben entsprechend der jeweiligen Bedürfnisse zu takten.[65] Während alleinerziehende Elternteile die Aufnahme ihrer Tätigkeit von den Betreuungsmöglichkeiten ihrer Kinder abhängig machen, ermöglicht das Home-Office eine Vereinbarung der beruflichen und der familiären Bedürfnisse. Gleiches ergibt sich für Arbeitnehmer, die nach ihrer Elternzeit in den Arbeitsalltag zurückkehren. Das Home-Office bietet hierbei die Möglichkeit einer schrittweisen Integration zurück in das Berufsleben.[66]

---

62 Vgl. Herrmann, M., Cordes, R., Vorkommen, 2020, S. 5.
63 Vgl. Böhm, W. et al., Anforderungen, 2017, S. 405.
64 Vgl. Herrmann, M., Cordes, R., Vorkommen, 2020, S. 7.
65 Vgl. Monz, A., Entgrenzung, 2018, S. 60.
66 Vgl. Szydlik, M., Wandel, 2008, S. 20-21.

Familien sind durch Schul- und Kindergartenschließungen während der Corona Pandemie zusätzlich von den Einschränkungen betroffen. Zum einen erfordern jene Schließungen einen zusätzlichen Betreuungsbedarf, zum anderen ergibt sich aus dieser Situation eine erhöhte Belastungssituation für arbeitende Familien.[67] Innerhalb der Arbeitszeit besteht die Verpflichtung eine entsprechende Arbeitsleistung zu erbringen. Sofern die Arbeitszeit durch die Einsetzung von Home-Office flexibilisiert wurde, ist es für den Arbeitnehmer dementsprechend möglich, die Betreuung in den Arbeitsalltag zu integrieren. Hieraus ergibt sich für Familien eine Chance, nicht auf finanzielle Mittel verzichten zu müssen. Im Juni 2020 erfolgte eine diesbezügliche Anspruchsverlängerung der Lohnfortzahlung von sechs auf zehn Wochen. So erfolgt bei einer durch die Behörden angeordneten Schließung ein Ausgleich für den Verdienstausfall des betreuenden Elternteils, jedoch ergibt sich hieraus lediglich ein Anspruch von 67 Prozent, mit einem Maximalbetrag in Höhe von 2.016 Euro im Monat.[68]

5.2 Risiken

Gleichermaßen ergeben sich aus jenen Chancen ebenfalls Risiken für den Arbeitnehmer. Durch die Verlagerung des Arbeitsplatzes entwickeln Arbeitnehmer Unsicherheiten, die auf fehlende Strukturen in ihrem Arbeitsalltag zurückzuführen sind. Jene Unsicherheiten sind sowohl psychologischer als auch existenzieller Natur. Aus diesen ergibt sich die Gefahr, dass der Arbeitnehmer Schwierigkeiten beim Aufbauen von Vertrauensverhältnissen entwickelt oder die Entfaltung des Selbstkonzeptes leidet.[69] Hinzukommend erschafft die Entgrenzung eine Distanz zum Kollegium des Arbeitnehmers. Dies bildet ein zusätzliches Hindernis der Solidarisierung, da diese auf der Feststellung von Gemeinsamkeiten fußt.[70]

Vor dem Einsatz eines Arbeitnehmers im Home-Office gilt es seitens des Arbeitgebers neben der Eignung für die Tätigkeit, eine Befähigung hinsichtlich seiner Eigenschaften festzustellen; da der Arbeitnehmer über entsprechende Fähigkeiten und Persönlichkeitsmerkmale verfügen muss, um eine Kompatibilität mit dem Home-Office-Modell gewährleisten zu können. Aus dem Fünf-Faktoren-Modell der

---

[67] Vgl. https://kultusministerium.hessen.de/schulsystem/aktuelle-informationen-zu-corona, Zugriff am 11.02.2021.
[68] Vgl. https://www.bundesregierung.de/breg-de/aktuelles/lohnfortzahlung-eltern-corona-1754306, Zugriff am 09.12.2020.
[69] Vgl. Selye, H. Stress, 1988, S. 45.
[70] Vgl. Sauer, D., Entgrenzung, 2012, S. 3-7.

Persönlichkeit ergibt sich, dass introvertierte Menschen sich eher für eine Tätigkeit im Home-Office eignen als extrovertierte. Diese Annahme über die Eignung introvertierter Menschen basiert auf der Tatsache, dass diese in Gesellschaft anderer Menschen zurückhaltend sind, eine selbstständige Arbeitsweise bevorzugen und somit aus einer Tätigkeit im Home-Office profitieren. Extrovertierte Menschen profitierten aus gegenteiligen Arbeitsbedingungen. Sie bevorzugen Gesellschaft, Teamarbeit und nehmen an sozialen Interaktionen teil. [71] Gleichwohl ergibt sich die Eignung des Arbeitnehmers aus dem Grad der Zuverlässigkeit und Motivation. In Anlehnung an die Selbstbestimmungstheorie, die von Richard M. Ryan und Edward L. Deci entwickelt wurde, hängt die Motivation des Arbeitnehmers von der Befriedigung von drei Bedürfnissen ab: dem Wunsch nach Autonomie, der sozialen Eingebundenheit und der Wahrnehmung der Kompetenz. Sofern jene psychologischen Grundbedürfnisse im Home-Office nicht erfüllt werden können, entwickeln sich Ersatzbedürfnisse, Verhaltensänderungen, Antriebslosigkeit bis hin zu Einbußen hinsichtlich des Gesundheitszustandes. Zu den infolge der pandemiebedingten Kontaktbeschränkungen gesellen sich weitere fehlende Sozialkontakte. Dies kommt als Risikofaktor hinzu und kann zu einer Verstärkung des Effektes führen.[72]

Angesichts der Veränderung oder dem teilweisen Wegfall des gewohnten Kontrollbereichs durch den Arbeitgeber ist der Arbeitnehmer im Home-Office hinsichtlich der Koordination und Erledigung von Arbeitspaketen nahezu vollständig auf sich alleingestellt. Da jene sichtbare Erbringung der Arbeitsleistung ausfällt, misst der Arbeitgeber die erbrachte Leistung hauptsächlich an Kennzahlen und erbrachten Zielvorgaben. Dies führt dazu, dass der Arbeitnehmer sich selbst unter Druck setzt, um kontinuierlich wahrnehmbare Erfolge präsentieren zu können.[73] Hieraus ergeben sich Risiken hinsichtlich verschwimmender Grenzen zwischen dem beruflichen und dem privaten Alltag des Arbeitnehmers, was bis hin zu der Entwicklung einer Arbeitssucht führen kann.[74] Der Arbeitnehmer verliert die Kontrolle über sein Arbeitsverhalten und beginnt, über seine vereinbarte Arbeitszeit hinaus zu arbeiten, oder arbeitet in Situationen, in denen es nicht üblich ist.[75] Auf Grund der fehlenden Sensibilisierung bezüglich des Ausmaßes und der Bedeutung einer Arbeitssucht wird jene als positiver Effekt durch den Arbeitgeber wahrgenommen.

---

71 Vgl. Herrmann, M., Cordes, R., Vorkommen, 2020, S. 9-10.
72 Vgl. Albert, M., Bartscher-Finzer, S., Selbstbestimmungstheorie, 2015, S. 248.
[73] Vgl. Kratzer, N. et al., Arbeit und Gesundheit im Konflikt, 2011, S.120.
74 Vgl. Voss, G., Entgrenzung, 1998, S. 473-487.
[75] Vgl. Monz, A., Entgrenzung, 2018, S.57.

Jedoch besteht zwischen der effektiven Arbeitszeit und dem Arbeitsoutput keine sich gegenseitig fördernde Beziehung. Im Gegenteil ergibt sich durch die Steigerung der Arbeitszeit eine exponentielle Abnahme der Qualität der Arbeitsergebnisse. Der Arbeitnehmer leidet im Weiteren unterzunehmender Selbstüberschätzung, arbeitet über Kompetenzen hinaus oder hält sich nicht an zuvor vereinbarte Arbeitsteilungen. Als Folge können sich eine Abstinenzunfähigkeit und Entzugserscheinungen entwickeln. Hieraus resultieren mitunter psychische Symptome wie innere Unruhe oder eine Art Trauerzustand oder auch körperliche Symptome wie Schlafstörungen oder Kopfschmerzen.[76]

---

[76] Vgl. Poppelreuter, S., Arbeitssucht, 2013, S. 105-109.

6. Praxis

Der nachfolgende Teil der Bachelorthesis zeigt das methodische Vorgehen der durchgeführten empirischen Untersuchung auf. Zunächst erfolgt die Darlegung der Methodenauswahl. Im Weiteren wird auf den Fragenbogenaufbau und Entwurf eingegangen. Daraufhin wird die Rekrutierung der Umfrageteilnehmer beleuchtet. Zum Schluss erfolgt die Darstellung der Erhebung sowie die Auswertung der gewonnenen Daten.

6.1 Methodenauswahl

Der Begriff Empirische Sozialforschung umfasst die Methoden und Instrumente, die für die Erfassung und Untersuchung des menschlichen Verhaltens und sozialer Phänomene herangezogen werden. Methoden zeigen Regeln und Verfahren auf, um Informationen und Erkenntnisse zu erlangen. Somit geht aus ihrer Anwendung das Ziel hervor, angestrebte Ergebnisse zu erhalten. Die Empirische Sozialforschung bietet hierzu drei Grundmethoden an.[77]

Beobachtung Eine der Grunderhebungsmethoden stellt die Beobachtung dar. Charakteristisch für die Beobachtung ist im sozialwissenschaftlichen Kontext die Wahrnehmung von Sachverhalten, die für den Forschungszweck relevant sind. Hierbei handelt es sich bei den Sachverhalten um nonverbales Verhalten, der Sprache, besondere Merkmale oder dem Habitus. Im Gegensatz zur Beobachtung, die im Alltag stattfindet, findet diese planvoll und selektiv und auf ein bestimmtes Ziel ausgerichtet statt. Sie weist vier Merkmale auf, die sie als wissenschaftliche Beobachtung kennzeichnet. So fußt sie auf zuvor erstellten Hypothesen, die nach Durchführung der Beobachtung gestützt oder verworfen werden, und verfolgt ein Forschungsziel. Die Beobachtung bedarf einer Kontrolle durch eine Systematik oder des Einsatzes mehrerer Beobachter, um die Nachvollziehbarkeit der Beobachtungen zu gewährleisten. Im Weiteren muss die Beobachtung in der Form angelegt sein, sodass Auswertung und Nachbildung des Sachverhaltes möglich sind. Eine Beobachtung eignet sich für die Erfassung neuer Phänomene und macht eine Interpretation von Verhaltensweisen möglich, die innerhalb von Verschriftlichungen fehlen. Besonders von den Teilnehmern erzeugte unbewusste Verhaltensweisen können durch eine Beobachtung zum Vorschein kommen und erforscht werden. Weiter erfolgt die Beobachtung ohne Zeitversatz, somit sind die Ergebnisse

---

[77] Vgl. Häder, M., Sozialforschung, 2019, S. 199.

unmittelbar und unverfälscht, da es sich um keine Erinnerungsleistung handelt.[78] Nach Auffassung der Autorin ergeben sich während der Corona-Pandemie Grenzen hinsichtlich der Ausführungsmöglichen einer Beobachtung. Ebenso wird eine Eignung der Methode hinsichtlich der zu erforschenden Thematik ausgeschlossen.

Inhaltsanalyse Mit Hilfe der Inhaltsanalyse, einer Forschungslogik, werden aus einer Kommunikation stammende Informationen, etwa aus einem verschriftlichten Experteninterview, nach relevanten Faktoren analysiert und aufgearbeitet. Hierbei soll eine Reduktion der Komplexität geschaffen werden.[79] Untersuchungsgegenstand von Inhaltsanalysen sind sowohl Texte als auch andere Informationsquellen. Die Inhaltsanalyse folgt einer Struktur und bedarf der Erfüllung der Gütekriterien - der Objektivität, Reliabilität und Validität. Die Struktur schafft eine Nachvollziehbarkeit des Analysevorgehens und erlaubt eine Prüfung der Instrumente, auf deren Basis Schlüsse durch den Forschenden gezogen wurden. Grundsätzlich ist sie zudem zielorientiert und hypothesengeleitet. Auch ist sie vielfältig in Hinblick auf die Anzahl der Analyseansätze und Analysearten breit gefächert. Diese reichen von Frequenzanalysen, die Häufigkeiten von Textinhalten analysieren, bis hin zur kommunikationstheoretischen Analyse, die Wirkungszusammenhänge herstellt und um weitere Datenerhebungsmethoden erweitert wird.[80] So ermöglicht die Inhaltsanalyse eine Erforschung vergangener Thematiken oder historischer Texte, um soziale Änderungen oder Wertewandel aufzuzeigen. Inhaltsanalysen sind nicht reaktiv, da keine Beeinflussung durch den Interviewer gegeben ist. Ebenfalls ergibt sich aus dieser eine Möglichkeit der Wiederholung, ohne dass der Analysegegenstand eine Veränderung vollzieht.[81] Trotz alledem führen Mehrdeutigkeiten von Textinhalten und Unklarheiten in der Struktur zu Mängeln in der Analyse. Die Analyse kann außerdem nur durchgeführt werden, sofern wesentliche Quellen vorhanden und zugänglich sind. Weiter erhöht sich zudem der Forschungsaufwand durch die Anwendung der Gütekriterien. Definitionsgemäß zeichnet einen Experten ein detailreiches und spezielles Fachwissen im relevanten Forschungsgebiet aus.[82] Auf Grund des vorliegenden Forschungsgegenstandes, der sich auf eine Personengruppe bezieht, die keine langwierige Erfahrung auf dem zu erforschenden Gebiet aufweist, zeigt sich, dass diese Erhebungsmethode nicht zielführend ist.

---

78 Vgl. Schnell, R. et al., Methoden, 2013, S. 380.
79 Vgl. Rössler, P., Inhaltsanalyse, 2017, S. 18.
80 Vgl. Bohnsack, R. et al., Analyseansätze, 2018, S. 120-122.
81 Vgl. Mayring, P., Inhaltsanalyse, 2010, S. 11-13.
82 Vgl. Schnell, R. et al., Methoden, 2013, S. 397398.

Befragung Eine Befragung zeichnet sich durch die gesteuerte Kommunikation zwischen Personen aus. Hierbei ist die Voraussetzung für das Zustandekommen der Kommunikation die dafür vorhandene Bereitschaft zwischen den Gesprächsparteien.[83] Diese Art der Kommunikation weist Besonderheiten in ihrer Art auf. So erfolgt sie geplant, mit einem wissenschaftlichen Hintergrund, künstlich und ist folgenlos. Weiter geschieht die Kommunikation einseitig, da der Interviewer die Kommunikation steuert. Die in Befragungen stattfindende Kommunikation hat eine Vielzahl von Ausprägungsformen, darunter fallen unter anderem persönliche, telefonische, postalische und Online-Befragungen.[84] Gemäß Auswertungen des Arbeitskreises Deutscher Markt- und Sozialforschungsinstitute e.V., kurz ADM, werden 90 Prozent der von ihnen durchgeführten Projekte mittels Befragungen durchgeführt. Der ADM führt zum einen Befragungen im sozialwissenschaftlichen Kontext, zum anderen marktwirtschaftliche Studien durch.[85]

Abbildung 8: Ausprägung der Befragungsarten von 1990 bis 2017

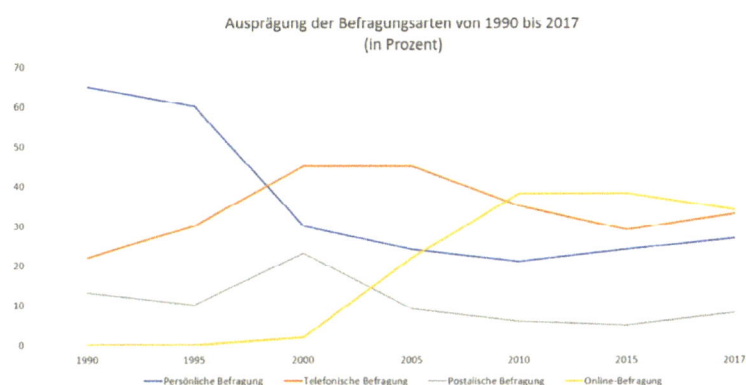

Quelle: Eigene Darstellung, In Anlehnung an *Arbeitskreis Deutscher Markt- und Sozialforschungsinstitute e.V.*, Jahresberichte, 1999 – 2017

---

[83] Vgl. Van Koolwijk, J., Befragung, 1974, S. 11-12.
[84] Vgl. Schnell, R. et al., Methoden, 2013, S. 314.
[85] Vgl. Häder, M., Sozialforschung, 2019, S. 199-201.

In dem zuvor aufgezeigten Diagramm wird im zeitlichen Verlauf die Ausprägung der unterschiedlichen Befragungsarten innerhalb der Jahre von 1990 bis 2017 dargestellt.[86] Hier ist ein Trend hinsichtlich telefonischer- und Online-Befragungen zu beobachten. Persönliche und mündliche Befragungen sind hingegen in der Anwendung über die aufgezeigten Jahre um zwei Drittel gesunken.

Das Internet hat im Laufe der Zeit in der Gesellschaft von Jahr zu Jahr mehr an Bedeutung gewonnen und fungiert seither als Informations- und Kommunikationsmedium. So sind im Jahr 2009 dreiviertel der deutschen Gesamtbevölkerung über das Internet greifbar gewesen.[87] Mit dieser Entwicklung wuchsen neue Möglichkeiten hinsichtlich der Gestaltung von Umfragen. Das Internet bildet als Kommunikationstool während der Corona-Pandemie einen zusätzlichen Befragungskanal, der sowohl ortsunabhängig als auch kontaktlos erfolgt.[88] Die Online-Befragung schafft neben den pandemiebedingten Vorteilen einen zusätzlichen Gewinn durch verkürzte Beantwortungszeiten, kostengünstigere Strukturen, eine hohe Akzeptanz und eine Zeitsouveränität für den Befragten.[89] Die Autorin hat sich unter Abwägung der zuvor aufgezeigten Methoden, Möglichkeiten und Grenzen für die Erhebung der relevanten Informationen mittels Befragung, in Form einer Online-Umfrage, entschieden. Ergänzend durch den theoretischen Teil, der auf relevanter Literatur und Studien basiert, erfolgt somit eine Einbeziehung von Theorie und Praxis.

6.2 Gestaltung

Im Nachfolgenden wird unter dem Begriff Online-Umfrage eine Umfragemethode verstanden, die durch die Nutzung des Internets durchgeführt wurde. Hierbei erfolgt die Beantwortung der auf dem Web-Server hinterlegten Umfrage durch den Befragten mittels Webbrowser.[90]

Die Online-Umfrage wurde mit Hilfe eines von der Plattform SurveyMonkey bereitgestellten Befragungsservers durchgeführt. Derartige Befragungsserver sind unter dem Namen Computer-assisted web interviewing, kurz CAWI-System, bekannt.[91]

---

[86] Vgl. https://www.adm-ev.de/der-adm/jahresberichte/, Zugriff am 17.12.2020.
[87] Vgl. Gräf, L., Online-Umfragen, 2010, S. 9-11.
[88] Vgl. ebd., Online-Umfragen, 2010, S. 10.
[89] Vgl. Zerback, T. et al., Vorteile, 2009, S. 26.
[90] Vgl. Roessing, T., Internetbasiert, 2009, S. 51.
[91] Vgl. https://www.surveymonkey.de/mp/take-a-tour/#:~:text=Was%20ist%20SurveyMonkey%3F,%2C%20Chats%2C%20soziale%20Medien%20usw., Zugriff am 18.12.2020.

Die dafür benötigte Technik, die zur Steuerung der Befragungsserver benötigt wird, wurde in den 1980er-Jahren für Telefonumfragen entwickelt. Charakteristisch für die Software ist, dass die Umfrageseiten einzeln erscheinen und sich weiterführende Fragen erst nach Beantwortung der vorherigen Abschnitte durch den Befragten erkennen lassen. Die getätigten Antworten werden zeitgleich mit der Eingabe auf dem Server gespeichert. Hinzukommend bietet die Software eine im Hintergrund einstellbare Intelligenz hinsichtlich individualer Umfrageverläufe, die von zuvor vergebenen Antwortoptionen abhängig sind.[92]

6.2.1 Fragebogenentwurf

Der Fragebogen besteht aus 18 Fragen, die als geschlossene Fragen formuliert wurden. Geschlossene Fragen zeichnen sich durch die begrenzten und vorgegebenen Antwortoptionen aus.[93] Bei der Beantwortung der Fragen ist neben der Einfachnennung, bei ausgewählten Fragen, eine Mehrfachnennung möglich. Die Umfrage startet mit einer Einstiegsfrage zu dem Forschungsgegenstand, die eine Identifizierung der relevanten Personengruppe ermöglicht. Anschließend folgen demographische Fragen zu Geschlecht, Alter und Branche des Umfrageteilnehmers.[94] Nach den Einstiegsfragen folgen Fragen, die sich auf den Forschungsgegenstand beziehen und die Umfrageteilnehmer in zwei Personengruppen teilt. Die erste Personengruppe besteht aus Arbeitnehmern, die eine gleichzeitige Betreuung von Kindern während ihrer Home-Office Tätigkeit gewährleisten. Die zweite Personengruppe aus Arbeitnehmern, bei denen eine solche Notwendigkeit nicht besteht. Zum Abschluss der Umfrage erfolgt eine Abfrage der Wahrnehmung in Bezug auf Zukunftsaussichten und eine Danksagung für die Teilnahme.

Die Darstellung der Umfrage erfolgt in Seitenabschnitten, die jeweils mit dem Umfragetitel versehen sind. Zusätzlich erscheint die zu beantwortende Frage im Vordergrund, während die nächste offene Frage unscharf im Hintergrund liegt. Dies fördert die Konzentrationsfähigkeit des Umfrageteilnehmers. Weiter zeigen die Seitenabschnitte die Anzahl der bereits beantworteten und noch offenen Fragen an, um eine zusätzliche Orientierung für den Umfrageteilnehmenden zu schaffen.[95]

---

[92] Vgl. Bryman, A., Befragungsserver, 2008, S. 5-23.
[93] Vgl. Porst, R., Fragearten, 2014, S. 53.
[94] Vgl. Petersen, T., Fragebogen, 2014, S. 69-70.
[95] Vgl. Porst, R., Fragearten, 2014, S. 169-172.

Screeningfrage

Um eine Teilnahme ausschließlich relevanter Personengruppen zu gewährleisten, erfolgte die Erstellung einer im Umfragebogen integrierten Disqualifizierungslogik. Die angewandte Logik disqualifiziert die Befragten basierend auf ihrer Beantwortung der Screeningfrage.[96] Jene Frage geht auf das Vorkommen von Home-Office auf Grund der Corona-Pandemie beim Umfrageteilnehmer ein und erscheint zu Anfang der Umfrage. Diese zeigt die Antwortmöglichkeiten „Ja" und „Nein" auf. Auf Grund der Einstellung der Disqualifizierungsfrage als Pflichtfrage erfolgt keine Weiterleitung in den nächsten Umfrageabschnitt. Der Umfrageteilnehmer erhält eine Fehlermeldung, die die Notwendigkeit der Beantwortung der Pflichtfrage für eine Umfragefortsetzung mitteilt.

Abbildung 9: Disqualifizierungslogik

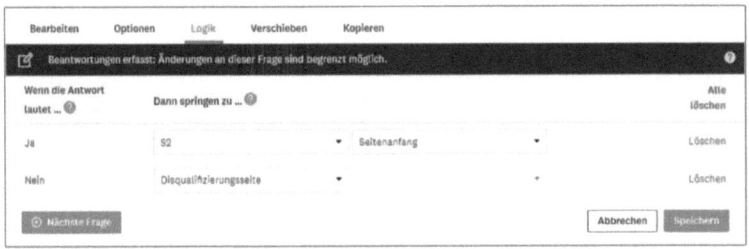

Quelle: Eigene Darstellung

Die Antwortoption „Ja" identifiziert den Teilnehmenden als zielgruppenrelevant und führt zu einer Fortsetzung der Umfrage. Eine Antwort, die eine fehlende Relevanz des Teilnehmenden ergibt - die Antwortoption „Nein" - führt zu einer Umleitung auf die Disqualifizierungsseite. Auf dieser wird das Ende der Umfrage erklärt und ein Dank für die Teilnahme ausgesprochen.

---

[96] Vgl. https://help.surveymonkey.com/articles/de/kb/Disqualifying-Respondents, Zugriff am 20.12.2020.

Abbildung 10: Disqualifizierter Umfrageteilnehmer

Quelle: Eigene Darstellung

Ein als unrelevant identifizierter Umfrageteilnehmer wird durch den Befragungsserver als disqualifiziert separat unter Angabe des Ausführungsdatums und der Bearbeitungszeit ausgewiesen.[97]

Mehrfachabstimmung

Um Mehrfachabstimmungen durch Einzelpersonen zu verhindern, erfolgt eine softwareseitige Speicherung der IP-Adresse und diesbezüglich generierter Cookies. Hierbei erkennt der Webserver bei einem Zweitaufruf des Befragten die zuvor gespeicherten Cookies, liest diese aus und sendet die im Cookie enthaltenen Textinformationen an den Server des internetbasierten Umfragetools zurück.[98] Der Umfrageteilnehmer gelangt daraufhin nicht wie beim erstmaligen Besuch auf die Startseite der Befragung, sondern wird direkt auf eine Endseite mit einer Mitteilung über die erfolgreich durchgeführte Teilnahme geleitet.

Identifizierung von Erziehungsberechtigten

Eltern stehen einer Zusatzbelastung auf Grund der durch die Pandemie ausgelösten Schließungen von Schulen und Betreuungsmöglichkeiten gegenüber.[99] Diese Personengruppe wird aufgrund dessen gesondert betrachtet. Um diese

---

[97] Vgl. https://help.surveymonkey.com/articles/de/kb/Disqualifying-Respondents#Analyze, Zugriff am 20.12.2020.
[98] Vgl. Jacob, R. et al., Overcoverage, 2019, S. 123-125.
[99] Vgl. https://www.bundesregierung.de/breg-de/themen/coronavirus/unterstuetzung-fuer-familien-1738334, Zugriff am 05.01.2021.

Personengruppe als solche zu identifizieren, erfolgt der Einsatz einer weiteren Screeningfrage im Zweitabschnitt, die sich mit der Betreuung von Kindern beschäftigt. Jene Frage enthält die Antwortoptionen „Ja" und „Nein", die bei Auswahl einer Antwortoptionen zu unterschiedlichen Seitenabschnitten führen.

Abbildung 11: Identifizierung von berufstätigten Eltern

* 8. Haben Sie Kinder, die Sie neben Ihrer Tätigkeit im Home-Office parallel betreuen müssen?

◯ Ja

◯ Nein

Quelle: Eigene Darstellung

So erfolgt bei der Zustimmung der Notwendigkeit einer Kinderbetreuung gleichzeitig zur Home-Office Tätigkeit eine Umleitung auf den Seitenabschnitt drei. Dieser Seitenabschnitt beinhaltet zwei Zusatzfragen, deren Beantwortung ausschließlich für im Home-Office tätigen Eltern vorgesehen ist.

Abbildung 12: Zusatzfragen für berufstätige Eltern

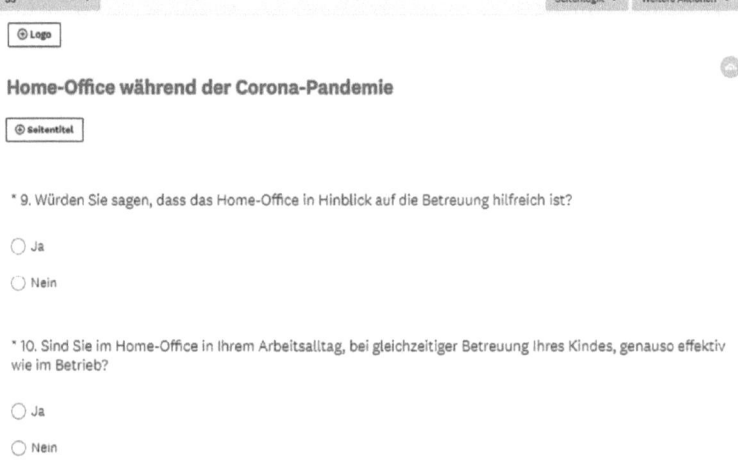

Quelle: Eigene Darstellung

Sofern bei der Identifizierungsfrage eine parallele Betreuungsnotwendigkeit verneint wird, erfolgt eine Weiterleitung des Umfrageteilnehmers auf den Seitenabschnitt vier. Hierbei erfolgt die Weiterführung der Nummerierung der Fragen ohne Einbeziehung der Zusatzfragen, sodass der Befragte keine Irritation im Verlauf der Umfragebeantwortung erfährt.

Abbildung 13: Ansicht für Umfrageteilnehmer ohne Zusatzfragen

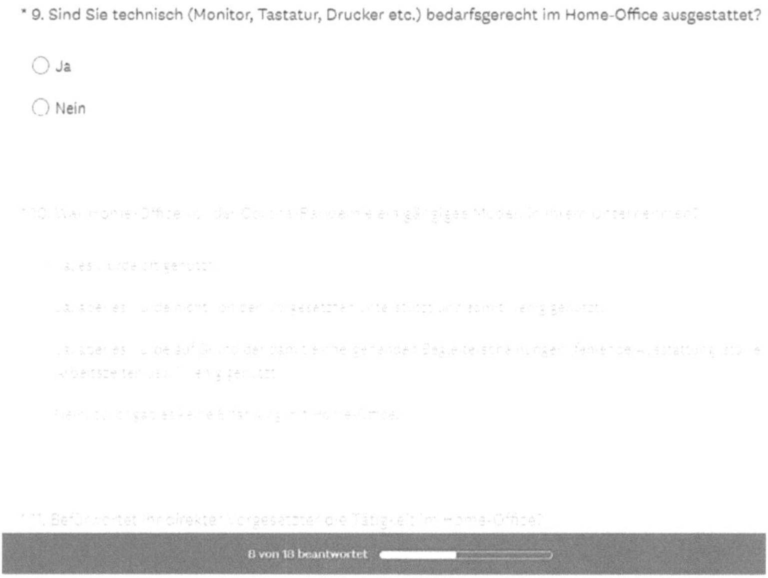

* 9. Sind Sie technisch (Monitor, Tastatur, Drucker etc.) bedarfsgerecht im Home-Office ausgestattet?

○ Ja

○ Nein

Quelle: Eigene Darstellung

6.2.2 Stichprobenauswahl

Millionen Erwerbstätige in Deutschland.[100] Mit Hilfe einer durch den Bundesverband Informationswirtschaft, Telekommunikation und neue Medien e.V. durchgeführten repräsentativen Befragung konnte eine Anzahl von 10,5 Millionen Erwerbstätigen ermittelt werden, die seit Anbeginn der Pandemie dauerhaft im Home-Office eingesetzt sind. Weitere 8,3 Millionen Erbstätige arbeiten seither situativ im Home-Office.[101] Somit kann für die vorliegende Umfrage eine Grundgesamtheit von insgesamt 18,8 Millionen Menschen ermittelt werden.[102]

Eine repräsentative Stichprobenauswahl schafft ein annäherndes Modell, kein reduziertes Abbild der zuvor definierten Grundgesamtheit. Ergebnisse, die sich aus eine Stichprobenumfrage ergeben, müssen einer Zufallsauswahl zu Grunde liegen,

---

[100] Vgl. https://www.destatis.de/DE/Presse/Pressemitteilungen/2020/06/PD20_196_132.html, Zugriff am 10.12.2020.
[101] Vgl. https://www.bitkom.org/Presse/Presseinformation/Mehr-als-10-Millionen-arbeiten-ausschliesslich-im-Homeoffice, Zugriff am 18.01.2021.
[102] Vgl. Jacob, R. et al., Overcoverage, 2019, S. 70.

um eine Verallgemeinerung der Erkenntnisse auf eine Gesamtheit beziehen zu können.[103] Der Rückschluss, der sich hierbei von einer Stichprobe auf eine Grundgesamtheit ziehen lässt, nennt sich Repräsentationsschluss. Auf Grund der fehlenden Zufallsauswahl innerhalb der vorliegenden Stichprobenauswahl ist jene als nicht repräsentativ zu werten.[104] Jedoch lassen die Ergebnisse der bewussten Auswahl auf stichhaltige Trends innerhalb des Forschungsumfeldes schließen.

Die Kontaktierung der für die Umfrage relevanten Zielgruppe erfolgte per aktiver Auswahl. Bei einer aktiven Auswahl kontaktiert der Forschende durch gezielte Ansprache in die Zielgruppe passende Personen und bittet um eine Teilnahme an dem mitversandten Umfragelink. Eine passive Auswahl erfolgt durch Bereitstellung des Umfragelinks auf relevanten Internetseiten. Auf Grund des Risikos der Verfälschung, welches sich aus der passiven Auswahl ergibt, erfolgte die Anwendung der aktiven Auswahl.[105] Eine Kontaktierung der Umfrageteilnehmer erfolgte sowohl mittels Direktnachricht in Form einer E-Mail als auch mittels Ergänzung durch die Schneeballtechnik. Angeschriebene Personen wurden in selbiger E-Mail gebeten, den Befragungslink an Teilnehmer mit passenden Teilnehmerqualifikationen weiterzuleiten.[106]

---

[103] Vgl. Kirchoff, S. et al., Stichprobe, 2003, S. 15-17.
[104] Vgl. Jacob, R., et al., Overcoverage, 2019, S. 86-88.
[105] Vgl. Gillhofer, M., Rekrutierung, 2010, S. 64-66.
[106] Vgl. ebd., Rekrutierung, 2010, S. 95.

7. Auswertung

Eine Öffnung der Umfrage fand am 10.12.2020 statt. Die Erhebungsdauer erstreckte sich bis zum 10.01.2021. Somit ergab sich eine mögliche Bearbeitungszeit für die Teilnehmer von einem Monat.

Die Online-Umfragen Website konnte insgesamt 119 Umfrageteilnehmer verzeichnen. Auf Grund der an erster Stelle platzierten Screeningfrage disqualifizierten sich hiervon 44 Teilnehmer. Die verbliebenen 78 Personen beantworteten den Fragebogen vollständig. Somit liegt kein vorzeitiger Abbruch innerhalb der Umfrage vor und es ergibt sich eine Abschlussquote in Höhe von 61 Prozent.

Auf Grund des Umfanges der Umfrageergebnisse bedarf es einer Datenauswertung, um durch Datenordnung, Prüfung und Analyse eine Verknüpfung der Erkenntnisse zu gewährleisten.[107] Das Online-Befragungstool SurveyMonkey bietet eine integrierte Auswertungssoftware an, die durch direkte Übernahme der Datensätze zusätzliche Fehlerquellen vermeidet.[108] Im nächsten Schritt erfolgte die Auswertung mittels Methoden der deskriptiven Statistik. Diese verfolgt das Ziel, die aus der Umfrage resultierenden Ergebnisse zusammenzufassen und darzustellen. Dies erfolgt durch grafische und nummerische Veranschaulichungen wie Balkendiagramme oder Mittelwerte.

7.1 Stichprobenanalyse

Altersstruktur Bei den Teilnehmenden kann eine Altersstruktur von 18 bis über 60 Jahren ausgemacht werden. Den größten Anteil der Umfrageteilnehmer ergibt sich mit jeweils 33,33 Prozent in den Altersgruppen der 21- bis 29- und der 30- bis 39-Jährigen. Die Altersgruppen der 18- bis 20- und der über 60-Jährigen machen als jeweils jüngste und älteste Altersgruppen mit 2,67 Prozent den geringsten prozentualen Anteil aus. Der Median liegt bei den 30- bis 39-Jährigen.

---

[107] Vgl. Jacob, R. et al., Overcoverage, 2019, S. 238.
[108] Vgl. https://help.surveymonkey.com/articles/de/kb/How-to-analyze-results, Zugriff am 08.02.2021.

Abbildung 14: Altersstruktur Umfrageteilnehmer

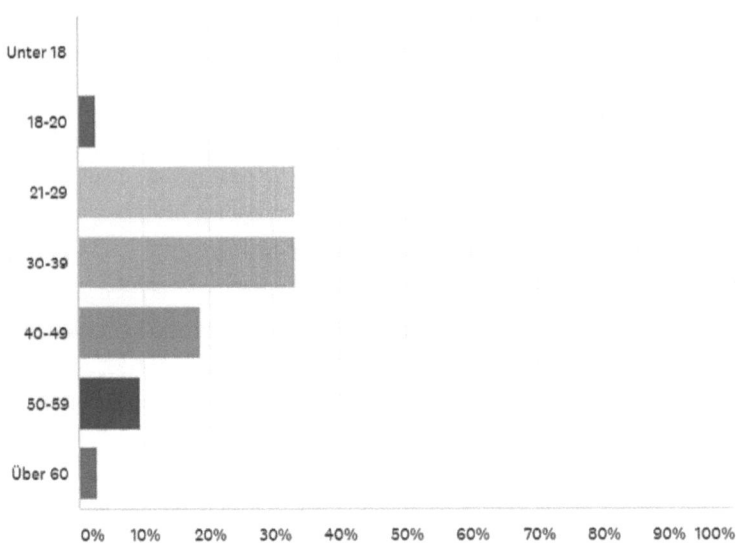

Quelle: Eigene Darstellung

Geschlechterverteilung Anhand der nachfolgend aufgezeigten Tabelle ist die Mehrheit der 75 Umfrageteilnehmer mit einer Anzahl von 39 Personen, entsprechend 52 Prozent, männlichen Geschlechts. Die verbliebenen 36 Personen und somit 48 Prozent der Teilnehmer geben an, weiblichen Geschlechts zu sein. Keine(r) der UmfrageteilnehmerInnen identifiziert sich als divers.

Tabelle 1: Geschlechterverteilung

Antwortoption	Umfrageteilnehmer	Beantwortungen in Prozent
Männlich	39	52,00 %
Weiblich	36	48,00 %
Divers	0	0, 00 %
Gesamt	75	100,00 %

Quelle: Eigene Darstellung

Branchenverteilung Die Umfrageteilnehmer teilen sich auf 20 Branchenzweige auf. Hierbei ist der größte Teil der Befragten mit 11 Personen – 14,67 Prozent – innerhalb der Herstellung tätig. Dicht gefolgt von Branchenzweigen des Bauwesens, des Maschinenbaus und des Hausbaus, mithin neun Befragte, die 12,00 Prozent der

Gesamtbeantwortungen ausmachen. An dritter Stelle stehen die Telekommunikation, Technik, Internet und Elektronik Branche, in der sechs Umfrageteilnehmer – 8,00 Prozent – tätig sind. Am geringsten sind die Branchen des Versicherungswesens und der Luft- und Raumfahrt mit jeweils einer Person vertreten.

Tabelle 2: Branchenverteilung

Antwortoptionen	Umfrageteilnehmer	Beantwortungen in Prozent
Herstellung	11	14,67 %
Bauwesen, Maschinenbau, Hausbau	9	12,00 %
Telekommunikation, Technik, Internet und Elektronik	6	8,00 %
Regierung	5	6,67 %
Gesundheit und Pharma	5	6,67 %
Auto	4	5,33 %
Ausbildung	4	5,33 %
Gemeinnützige Organisation	4	5,33 %
Handel und Konsumgüter	4	5,33 %
Transport- und Zustellwesen	4	5,33 %
Freizeit und Unterhaltung	3	4,00 %
Finanzen und Finanzdienstleistungen	3	4,00 %
Lebensmittel und Getränke	3	4,00 %

Unternehmendförderung und Logistik	2	2,67 %
Immobilien	2	2,67 %
Energie, Ver- und Entsorgung	2	2,67 %
Werbung und Marketing	1	1,33 %
Landwirtschaft	1	1,33 %
Luft- und Raumfahrt (einschließlich Verteidigung	1	1,33 %
Versicherungswesen	1	1,33 %
Ich bin derzeit nicht berufstätig	0	0,00 %
Gesamt	75	100,00 %

Quelle: Eigene Darstellung

7.2 Umfrageergebnisse

Die erste thematische Frage, die nach den demographischen Fragen folgt, befasst sich mit der Dauer, die im Pandemie-Jahr 2020 im Home-Office verbracht wurde. Hierbei hat die Mehrheit der Befragten mit 14 Umfrageteilnehmern ein bis zwei Monate, dicht gefolgt von 13 Umfrageteilnehmern mit fünf bis sechs Monaten im Home-Office verbracht. Neun Befragte verlagerten ihren Arbeitsplatz für einen Monat in die privaten Räumlichkeiten. Der geringste Anteil der Umfrageteilnehmer befand sich länger als neun bis zehn Monate während der Corona-Pandemie im Home-Office.

Abbildung 15: Home-Office Nutzungsdauer in Monaten im Jahr 2020

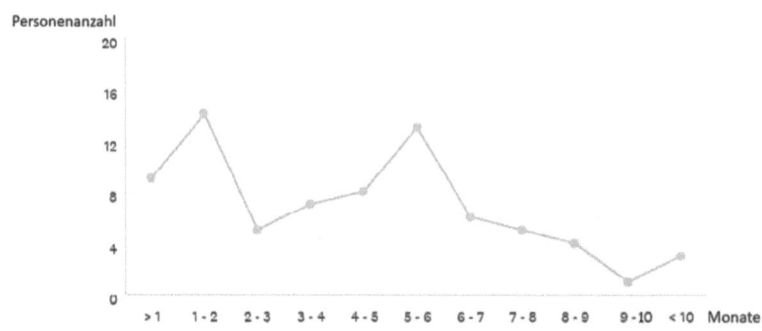

Quelle: Eigene Darstellung

Insgesamt geben 43 der Teilnehmer an, dass sie sich im Vergleich zum Vorjahr im Jahr 2020 öfter im Home-Office befunden haben. Weitere 20 Personen waren gleich oft oder gar nicht im Home-Office tätig. Zwölf Umfrageteilnehmer gaben hierzu gegensätzlich an, weniger in den privaten Räumlichkeiten tätig geworden zu sein als im Jahr der Corona-Pandemie.

Betreuungsnotwendigkeit während der Tätigkeit im Home-Office 33 der Umfrageteilnehmer gaben an, neben ihrer Tätigkeit im Home-Office parallel ein Kind betreuen zu müssen. Hiervon sind 81,82 Prozent der Teilnehmer der Meinung, dass eine Tätigkeit im Home-Office hinsichtlich der Betreuungsmöglichkeiten des oder der Kinder eine Hilfe darstellt.

Abbildung 16: Zusätzlicher Betreuungsnutzen durch Home-Office

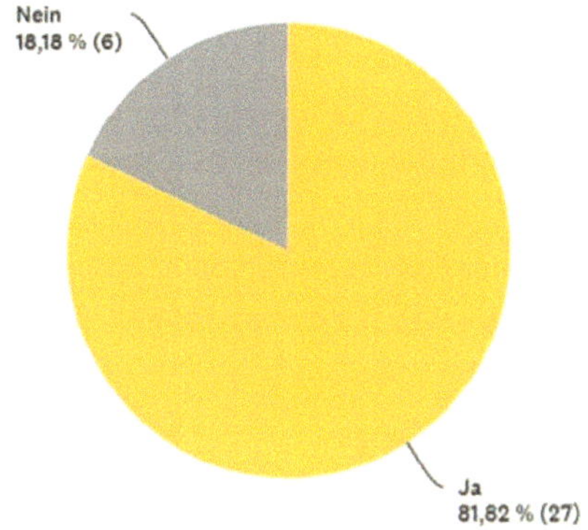

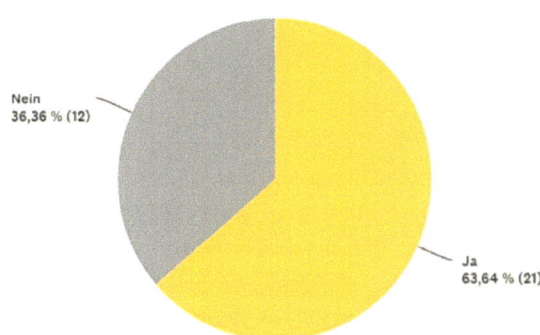

Quelle: Eigene Darstellung

Bei einem Vergleich der 33 Teilnehmer, die neben ihrer Tätigkeit einer Betreuungspflicht nachkommen müssen und deren Antworten auf die Frage nach der Einschätzung der Effektivität trotz gleichzeitiger Kindesbetreuung, geht eine Mehrheit von einem in den privaten Räumlichkeiten gleichbleibenden Effektivitätsniveau aus. Zwölf der 33 Personen stimmen für einen Effektivitätsverlust, der mit der Betreuungsnotwendigkeit einhergeht.

Abbildung 17: Zusammenhang Betreuungsnotwendigkeit und Effektivität

Quelle: Eigene Darstellung

Veränderungen im Arbeitsalltag Um eine Gesamtbetrachtung der Veränderungen und hiermit einhergehender Gefühle innerhalb des Arbeitsalltages der Befragten zu erschaffen, erfolgte eine Aufstellung von Aussagen, die bei Zutreffen durch den

Befragten ausgewählt werden sollten. Hierbei handelte es sich um sechs Hauptaussagen, die mit jeweils einer befürwortenden und einer ablehnenden Aussage zur Auswahl gestellt wurden. Die Umfrageteilnehmer hatten die Möglichkeit der Mehrfachauswahl, somit erfolgten in der zugrundeliegenden Frage 197 Einzelauswahlen. Hieraus ergibt sich bei 73 Befragten eine Auswahl von zwei bis drei Aussagen pro Person. Ebenso war es möglich, sich für keine der dort zu Auswahl stehende Fragen zu entscheiden. Im Gesamtbild ist eine positive Wahrnehmung hinsichtlich des Arbeitsalltages im Home-Office zu erkennen. Bezugnehmend auf die sechs Hauptaussagen entschieden sich die Befragten jeweils mehrheitlich für die das Home-Office befürwortenden Aussagen.

Abbildung 18: Änderungen innerhalb des Arbeitstages

ANTWORTOPTIONEN	BEANTWORTUNGEN	
Im Home-Office bin ich produktiver als im Betrieb.	38,36 %	28
Im Betrieb bin ich produktiver als im Home-Office.	30,14 %	22
Ich halte meine gewohnte Arbeitszeit auch im Home-Office ein und arbeite nicht darüber hinaus.	39,73 %	29
Ich arbeite im Home-Office mehr. Mir fällt es schwer abzuschalten.	28,77 %	21
Meine Arbeitsleistung wird im Home-Office wie zuvor im Betrieb anerkannt und als solche wahrgenommen.	20,55 %	15
Ich habe das Gefühl, dass meine Arbeitsleistung im Home-Office hauptsächlich an Kennzahlen und Erfolgen bemessen wird.	13,70 %	10
Die Kommunikation mit Führungskräften/Kollegen findet im Home-Office wie gewohnt - nur virtuell oder telefonisch - statt.	24,66 %	18
Die Kommunikation mit Führungskräften/Kollegen hat sich im Home-Office verringert.	20,55 %	15
Ich bin im Home-Office selbstdiszipliniert, ich schweife nicht in private Aufgaben ab oder lasse mich ablenken.	17,81 %	13
Es fällt mir im Home-Office schwer, nicht nebenbei dem Haushalt oder anderen Ablenkungen nachzugehen.	15,07 %	11
Familie/Partner/Mitbewohner profitieren von meiner Tätigkeit im Home-Office.	16,44 %	12
Familie/Partner/Mitbewohner leiden unter meiner Tätigkeit im Home-Office.	4,11 %	3

Befragte gesamt: 73

Quelle: Eigene Darstellung

In der Einzelbetrachtung weisen die Aussagen, die sich auf die Einhaltung der Arbeitszeit und auf eine höhere Produktivität im Home-Office beziehen, mit 29 und 28 Einzelauswahlen die größte Zustimmung auf. An dritter Stelle folgt mit 22 Einzelauswahlen die Gegenaussage in Bezug auf eine im Betrieb höhere wahrnehmbare Produktivität der Befragten. Darauffolgende 21 Einzelbeantwortungen geben das Gegenteil zur erstgewählten Aussage und somit eine Schwierigkeit in Hinblick auf die Einhaltung der Arbeitszeit im Home-Office an. Die geringste Zustimmung fanden die Aussagen, die sich mit der negativen Veränderung der Bemessung der eigenen geleisteten Arbeitsleistung mittels Kennzahlen und Erfolgen und einem durch das Home-Office leidenden direkten Umfeld befassen.

Abbildung 19: Änderungen innerhalb des Arbeitstages, absteigend sortiert

ANTWORTOPTIONEN	BEANTWORTUNGEN	
Ich halte meine gewohnte Arbeitszeit auch im Home-Office ein und arbeite nicht darüber hinaus.	39.73%	29
Im Home-Office bin ich produktiver als im Betrieb.	38.36%	28
Im Betrieb bin ich produktiver als im Home-Office.	30.14%	22
Ich arbeite im Home-Office mehr. Mir fällt es schwer abzuschalten.	28.77%	21
Die Kommunikation mit Führungskräften/Kollegen findet im Home-Office wie gewohnt - nur virtuell oder telefonisch - statt.	24.66%	18
Meine Arbeitsleistung wird im Home-Office wie zuvor im Betrieb anerkannt und als solche wahrgenommen.	20.55%	15
Die Kommunikation mit Führungskräften/Kollegen hat sich im Home-Office verringert.	20.55%	15
Ich bin im Home-Office selbstdiszipliniert, ich schweife nicht in private Aufgaben ab oder lasse mich ablenken.	17.81%	13
Familie/Partner/Mitbewohner profitieren von meiner Tätigkeit im Home-Office.	16.44%	12
Es fällt mir im Home-Office schwer, nicht nebenbei dem Haushalt oder anderen Ablenkungen nachzugehen.	15.07%	11
Ich habe das Gefühl, dass meine Arbeitsleistung im Home-Office hauptsächlich an Kennzahlen und Erfolgen bemessen wird.	13.70%	10
Familie/Partner/Mitbewohner leiden unter meiner Tätigkeit im Home-Office.	4.11%	3

Befragte insgesamt: 73

Quelle: Eigene Darstellung

Die wahrgenommene Produktivitätsabnahme außerhalb des Betriebes wurde von 22 Personen als zutreffende Aussage ausgewählt. Hierbei ist ein Zusammenhang zu dem Fehlen eines abgetrennten und ungestörten Arbeitsbereichs zu erkennen. Die Mehrheit des zuvor aufgezeigten Personenkreises, mithin 12 Personen, verneinte den Besitz eines solchen.

Abbildung 20: Zusammenhang fehlender Arbeitsbereich und Produktivität

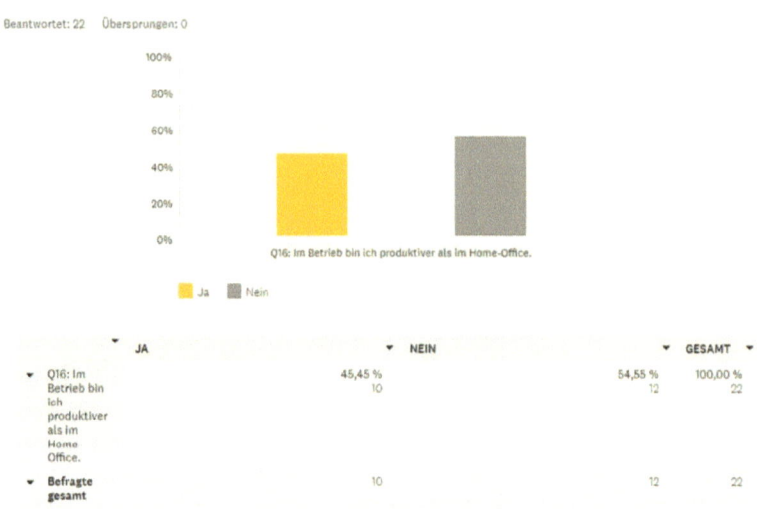

Quelle: Eigene Darstellung

Wahrnehmung der Zukunftsaussichten Gemäß Angabe von 63 Umfrageteilnehmern ist eine bedarfsgerechte technische Ausstattung für die Tätigkeit aus den privaten Räumlichkeiten gegeben. Auf die Frage, die sich mit der zukünftigen Bereitschaft einer Weiterführung des vermehrten Home-Office Einsatzes beschäftigt, gaben 83,56 Prozent der Befragten, dementsprechend 61 Personen, mehrheitlich eine Bereitschaft an. Die verbliebenen zwölf Umfrageteilnehmer gaben hingegen an, damit nicht einverstanden zu sein.

Abbildung 21: Bereitschaft zu vermehrtem Home-Office nach der Pandemie

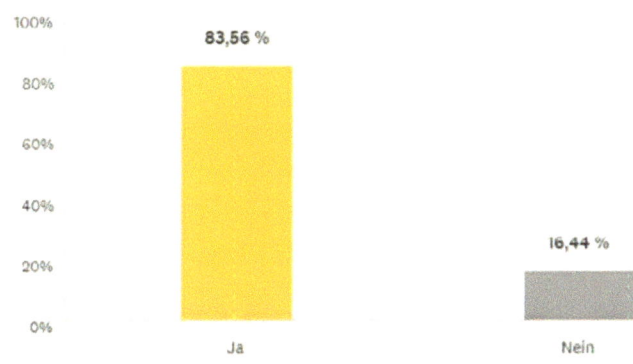

Quelle: Eigene Darstellung

Bei einer Betrachtung der zuvor ausgeführten Beantwortungen der Umfrageteilnehmer, die eine vermehrte Tätigkeit aus den privaten Räumlichkeiten in der Zukunft ablehnen, fällt ein Zusammenhang hinsichtlich der Erfahrungsstufe im Home-Office auf. Sieben jener Umfrageteilnehmer gaben an, dass sie zuvor keine Home-Office Erfahrung sammeln konnten. Die verbliebenen fünf Teilnehmer gaben weiter an, dass das Home-Office ein gängiges Modell im Unternehmen darstellte, jedoch auf Grund von einhergehenden Begleiterscheinungen wie einer ungenügenden technischen Ausstattung oder der fehlenden Unterstützung durch den Vorgesetzten wenig genutzt wurde.

Abbildung 22: Zusammenhang Ablehnung Home-Office und Erfahrungswert

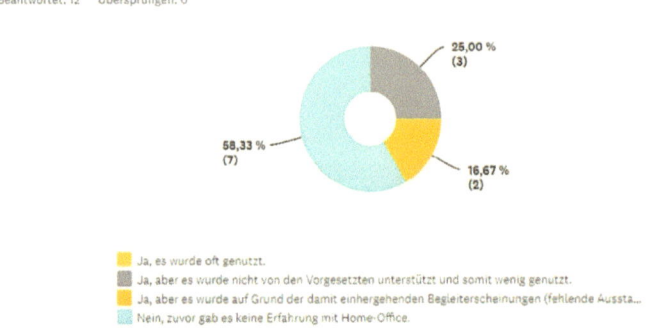

Quelle: Eigene Darstellung

Der direkte Vorgesetzte der Umfrageteilnehmer befürwortet gemäß 78,08 Prozent die Tätigkeit aus dem Home-Office. Hinsichtlich der zukünftigen Bereitschaft eines vermehrten Home-Office Einsatzes durch den Betrieb gaben die Befragten, mithin 41 Abstimmungen, mehrheitlich an, dass der Arbeitgeber ein Potenzial sieht oder bereits vor der Pandemie eine Einführung stattfand. Im Gegensatz dazu gaben 32 Befragte an, eine Tätigkeit auszuführen, die eine Steigerung des Home-Office Anteils ausschließt oder eine überwiegende Tätigkeit innerhalb des Betriebes gewünscht ist.

Wie vorangehend ausgeführt, erfolgte eine Aufstellung von weiteren vier Hauptaussagen, die jeweils eine befürwortende und ablehnende Variation zum Home-Office-Modell in Hinblick auf die diesbezüglichen Zukunftsaussichten beinhaltete. Die Aussagen zielten hierbei auf die Wahrnehmung der zukünftigen Auswirkungen auf die Karriere- bzw. Aufstiegschancen, die Qualität der Arbeitsleistung, das Arbeitsklima und die Bewertungsmöglichkeiten des Vorgesetzten ab. 45,21 Prozent, somit 33 der Befragten, gaben an, dass sich eine überwiegende Tätigkeit im Home-Office negativ auf ihre Aufstiegschancen auswirken könnte. An zweiter Stelle der ablehnenden Aussagen gaben die Teilnehmer als mögliche Auswirkung einer langfristigen Tätigkeit im Home-Office eine Verschlechterung des Arbeitsklimas an. Hiervon gefolgt schließen 20,55 Prozent der Befragten eine vollumfängliche Möglichkeit der Leistungsbewertung durch den Vorgesetzten aus.

Abbildung 23: Zukunftsaussichten der Tätigkeit im Home-Office

Antwortoptionen	Beantwortungen	
Ich habe das Gefühl, dass sich eine überwiegende Tätigkeit im Home-Office negativ auf meine Aufstiegschancen auswirkt.	45,21 %	33
Mein Vorgesetzter kann trotz Entfernung eine Bewertung zu meiner Arbeitsleistung abgeben.	31,51 %	23
Ich habe das Gefühl, dass eine überwiegende Tätigkeit im Home-Office keinen Einfluss auf meine Karriere hat.	30,14 %	22
Langfristiges Home-Office wirkt sich negativ auf das Arbeitsklima aus.	27,40 %	20
Eine dauerhafte Verlagerung in das Home-Office hat keinen Einfluss auf die Qualität der Arbeitsergebnisse und die Erreichung des Geschäftsziels.	21,92 %	16
Mein Vorgesetzter kann meine Arbeitsleistung nicht mehr vollumfänglich bewerten.	20,55 %	15
Eine dauerhafte Verlagerung in das Home-Office schadet der Qualität der Arbeit und der Erreichung des Geschäftsziels.	16,44 %	12
Langfristiges Home-Office fördert das Arbeitsklima.	12,33 %	9

Befragte gesamt: 73

Quelle: Eigene Darstellung

An erster Stelle der meistgewählten Positivaussagen steht die gegenteilige Ansicht zur zuvor aufgestellten Aussage. 31,51 Prozent geben an trotz Entfernung zum Vorgesetzten keine Einschränkungen bezüglich der Bewertungsfähigkeit durch den Vorgesetzten zu sehen. Weiter sind 30,14 Prozent der Auffassung, dass eine überwiegende Tätigkeit außerhalb des Betriebes keinen negativen Einfluss auf die Karriereentwicklung hat. Dies bekräftigend stimmen 21,92 Prozent für eine ortsunabhängige gleichbleibende Arbeitsqualität.

61 von insgesamt 73 Befragten, immerhin 83,56 Prozent, geben zudem eine Bereitschaft an, in der Zukunft vermehrt aus dem Home-Office zu arbeiten. Zwölf Befragte, 16,44 Prozent, lehnen eine vermehrte Tätigkeit hingegen ab.

Abbildung 24: Bereitschaft für eine zukünftig vermehrte Home-Office Tätigkeit

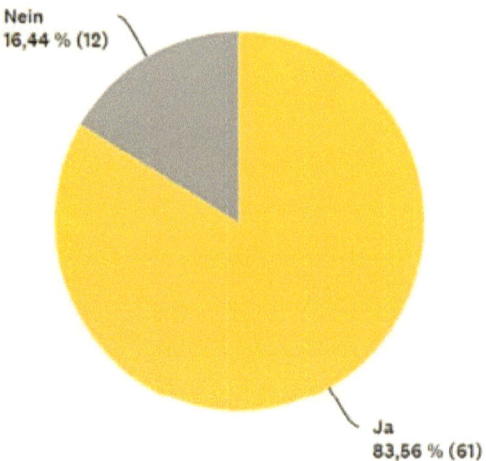

Quelle: Eigene Darstellung

8. Fazit

Im Zuge der Maßnahmen zur Eindämmung der Corona-Pandemie erfolgte eine durch die Bundesregierung ausgesprochene Empfehlung an die Betriebe, welche die Bitte beinhaltete, ArbeitnehmerInnen Home-Office zu ermöglichen. Ziel war hierbei, die Kontakte auch an den Arbeitsstätten zu reduzieren. Betriebe, die zuvor keine Tätigkeit aus dem Home-Office gewährt hatten, standen ad hoc vor der Herausforderung, Home-Office einzuführen oder, sofern es zuvor schon angeboten worden war, zu erweitern.[109]

Aus der Verlegung des Arbeitsplatzes profitiert der Betrieb sowohl direkt, etwa über Einsparungen von Betriebskosten, als auch indirekt über die Steigerung der Mitarbeiterzufriedenheit.[110] Neben den Einsparungen führt die orts- und zeitunabhängige Arbeitsweise, die aus dem Home-Office resultiert, zu einer zeitzonenabdeckenden Ausweitung der Servicezeiten. Hieraus ergeben sich im Weiteren Chancen globale Projekte wahrzunehmen und ein Netzwerk aus globalen Fachkräften zu rekrutieren.[111] Aus dem daraus resultierenden Know-how und der Imageverbesserung ergeben sich zudem Wachstumspotenziale für den Betrieb. Gleichzeitig ergibt sich aus dem Home-Office Angebot eine Effizienzsteigerung der Beschäftigten, da durch die Verlegung eine Erhöhung der nutzbaren Arbeitszeit erzeugt wird.[112]

Zugleich birgt das Home-Office Anpassungsnotwendigkeiten in Bezug auf rechtliche Rahmenbedingungen, der Koordination und der Führungsmethode.[113] Diese ergeben sich aus der Änderung der physischen Anwesenheit in ein digitales Zusammenarbeiten.[114] Der Arbeitgeber unterliegt der Pflicht vor dem erstmaligen Einsatz im Home-Office eine Prüfung hinsichtlich der Eignung des Arbeitsplatzes für eine Tätigkeit aus dem Home-Office durchzuführen. Hierbei gilt es neben der Eignungsvoraussetzung zusätzlich datenschutzrechtliche Risiken, die sich aus der Tätigkeit des Arbeitnehmers ergeben, zu identifizieren und auf Grund dieser eine Neubewertung durchzuführen. Dies ist die Voraussetzung für das Zustandekommen einer Tätigkeit aus dem Home-Office und bietet eine Basis für das Zusammenarbeiten

---

[109] Vgl. Voß, A. et al., Infektionsschutz, 2020, S. 2.
[110] Vgl. Böhm, W. et al., Home-Office, 2017, S. 406.
[111] Vgl. Lindner, D., Virtuell, 2020, S. 9
[112] Vgl. ebd., Virtuell, 2020, S. 10
[113] Vgl. Karcher, B., Anforderungen, 1989, S. 76
[114] Vgl. Müller, S., Führung, 2018, S. 149

unter vorliegender Distanz.[115] Aus jener Distanz ergibt sich für den Arbeitgeber ein Bereich außerhalb der Kontrollfähigkeit. Zuvor im Betrieb etablierte Regelungen, Verhaltensweisen und Bewertungsgrundlagen entfallen. Da ein durch den Arbeitnehmer negativ wahrgenommener Führungsstil des Vorgesetzten in einer Beziehung zu dem Gesundheitszustand und der Art der Beschwerden des Arbeitnehmers steht, ist eine geplante Anpassung der Führungsmethode notwendig.[116] Als Grundvoraussetzung für die Tätigkeit aus dem Home-Office muss demgemäß das Vertrauen und die Gewissheit der Fähigkeit des Arbeitnehmers zur Selbstorganisation, in Verbindung mit vorangehenden Einführungsplanungen in Hinblick auf die Führungsorganisation durch den Arbeitgeber gegeben sein.[117]

Das Home-Office-Modell ermöglicht dem Arbeitnehmer eine flexible Einteilung der Arbeitszeit, bei gleichzeitigem Wegfall von Fahrtkosten und Wegzeit. Die gewonnene Zeit schafft einen zusätzlichen Mehrwert in Hinblick auf das Privatleben als auch in Bezug auf den Erfolg im Arbeitsalltag.[118] Leistungsspitzen können gezielt genutzt oder konzentrationsfordernde Tätigkeiten bedarfsgerecht verteilt werden. Infolgedessen steigt die subjektiv wahrgenommene Produktivität des Arbeitnehmers.[119] Im Weiteren schafft das Home-Office eine Erleichterung für Elternteile, die einer erneuten Integration in das Berufsleben entgegensehen oder eine Grundlage benötigen für das Zustandekommen des Arbeitsverhältnisses trotz Betreuungsnotwendigkeit. Zugleich ist die dabei entstehende Arbeitsleistung auf einem gleichen Effektivitätsniveau wie im Betrieb.[120] Die Mehrheit der Befragten der vorangehenden Online-Umfrage gab weiterhin an, dass im Betrieb herrschende Kommunikationslevel zu halten und keine Veränderungen bezüglich einer Anerkennung der Arbeitsleistung wahrzunehmen.

Im gleichen Maße steht der Arbeitnehmer vor Hindernissen, die sich aus fehlenden oder angepassten Strukturen und Routinen ergeben. Das Aufbauen eines Vertrauensverhältnisses zum Vorgesetzten und dem Kollegium leidet auf Grund der Distanz. Die Kombination aus diesen Faktoren führt zu psychologischen und existenziellen Unsicherheiten, die gesundheitliche Folgen für den Arbeitnehmer

---

[115] Vgl. Wilde, C., Datenschutz, 1996, S. 180
[116] Vgl. Lindner, D., Virtuell, 2020, S. 49-53
[117] Vgl. Peters, K., Führung, 2013, S. 34.
[118] Vgl. Böhm, W. et al., Anforderungen, 2017, S. 405.
[119] Vgl. Herrmann, M., Cordes, R., Vorkommen, 2020, S. 7.
[120] Vgl. Szydlik, M., Wandel, 2008, S. 20-21.

fördern.[121] Aus dem Wegfall der für den Arbeitgeber sichtbaren erbachten Arbeitsleistung erfolgt eine Erschaffung von alternativen Bewertungsgrundlagen, die das Gefühl des Leistungsdrucks für den Arbeitnehmer steigern können. Als Folge erhöht sich die Arbeitszeit, bis hin zu einer Entwicklung von verschwimmenden Grenzen des Privatlebens und Arbeitsalltags. Bei Entwicklung einer Arbeitssucht nimmt die Qualität exponentiell zur Steigung der Arbeitszeit ab.[122]

Zusammenfassend ist zu erkennen, dass sich aus einer Zunahme des Home-Office Angebots gleichermaßen Chancen für den Arbeitgeber als auch für den Arbeitnehmer ergeben. Die daraus resultierenden Risiken sind auf geringe Erfahrungswerte und fehlenden hierzu entwickelten Konzeptionen auf Seiten beider Parteien zurückzuführen. Angesichts der Corona-Pandemie sahen die Betriebe ohne Vorbereitung einer überwiegenden Umstellung der Arbeitsmodelle entgegen, um einen Fortbetrieb des Geschäfts zu gewährleisten. Trotz hieraus resultierender Hindernisse sprechen sich sowohl Arbeitgeber als auch Arbeitnehmer für eine Fortführung oder Weiterentwicklung des Home-Office Modells aus, da der pandemiebedingte Home-Office Alltagstest Potenziale für eine erfolgreiche, dann koordinierte Durchführung aufzeigt.

8.1 Zukunftsaussicht

Ein Trend hinsichtlich flexibler Arbeitszeitlösungen lässt sich seit dem Jahr 2013 durch deren stetigen Anstieg erkennen. Bereits vor Ausbruch der Pandemie entfachten Debatten in der Politik und in den Betrieben über eine Entgrenzung der Arbeit.[123] Die Corona-Pandemie wirkt wie ein Treiber in Hinblick auf eine Transformation der Arbeitswelt. Durch die Home-Office Empfehlung an die deutschen Betriebe erfolgte erstmals eine bundesweite Einstufung systemrelevanter, Home-Office fähiger und betriebsrelevanter Berufsgruppen. Dementsprechend gelangte zudem die Diskussion um das Recht auf Home-Office auf die politische Agenda.[124] Die Mehrheit der Online-Umfrageteilnehmer gibt eine Bereitschaft an, in der Zukunft vermehrt aus dem Home-Office tätig zu werden. Dies deckt sich mit dem durch die Universität Konstanz evaluierten Wunsch von 56 Prozent der StudentilnehmerInnen, nicht mehr in Vollzeit in den Betrieb zurückzukehren. Ebenfalls

---

[121] Vgl. Selye, H. Stress, 1988, S. 45.
[122] Vgl. Kratzer, N. et al., Arbeitssucht, 2011, S.120.
[123] Vgl. https://dip21.bundestag.de/dip21/btd/19/130/1913077.pdf, Zugriff am 09.02.2021.
[124] Vgl. https://www.bundestag.de/dokumente/textarchiv/2020/kw11-de-homeoffice-685574, Zugriff am 09.02.2021.

führten 60 Prozent an, zuvor ausschließlich aus dem Betrieb tätig gewesen zu sein. Gleichzeitig geben die Befragten an, eine Mischung aus Präsenztätigkeit und Home-Office zu präferieren. Die Universität Konstanz befragte für jene Erkenntnisse 699 Erwerbstätige, die im Jahr 2020 im Home-Office tätig waren. Jene Eigenschaften der UmfrageteilnehmerInnen entsprachen hinsichtlich der demographischen Kriterien dem Durchschnitt der deutschen erwerbstätigen Bevölkerung.[125] Die Corona-Krise wirkte wie ein Praxistest, der die Hemmnisse unerfahrener Betriebe löste und Betrieben mit vorhandenen flexiblen Arbeitsmodellen weitergehende Erfahrungswerte in Hinblick einer weiteren Ausweitung ermöglichte. Aus den positiven Erfahrungen, die die Betriebe durch das erweiterte Home-Office Angebot sammeln konnten, ergab sich gemäß einer Befragung von Managern aus 500 Unternehmen - durchgeführt durch das Fraunhofer Institut für Arbeitswirtschaft und Organisation - dass 42 Prozent der Unternehmen Home-Office beibehalten wollen. Weitere 13 Prozent gaben an, das zuvor im Unternehmen etablierte Home-Office Niveau beibehalten zu wollen. Hinzukommend geben 47 Prozent der Führungskräfte, die vor der Pandemie einer Flexibilisierung kritisch gegenüberstanden an, nach der durch die Pandemie ausgelösten Testphase offener gegenüber einer Nutzung zu sein. Gleichwohl erfolgte aber auch die Angabe von 40 Prozent der Führungskräfte, dass die veränderte Führungssituation einen Bedarf an Schulungen für die digitale Führung mit sich bringt.[126] In Beantwortung der Forschungsfrage hat die in dieser Arbeit vorgenommene Analyse der Auswirkungen auf den Arbeitsalltag während der Corona-Pandemie gezeigt, dass bei Berücksichtigung der im Folgenden unter Handlungsempfehlungen aufgeführten Bedingungen dem Home-Office Modell durchaus Zukunftscharakter attestiert werden kann. Eine Vollzeitverlegung der Arbeitsplätze in die privaten Räumlichkeiten der Arbeitnehmer ist in der Gesamtschau aber eher unwahrscheinlich, jedoch ist ein zukünftiges Mehrangebot hybrider Arbeitsmodelle angesichts der daraus resultierenden Chancen zu erwarten. Schlussendlich lassen die Erfahrungswerte, die während der Corona-Pandemie gesammelt werden konnten, die Vermutung zu, dass ein Rückgang der im Betrieb existierenden Büroarbeitsplätze möglich, eine nennenswerte deutschlandweite Anpassung indes nur auf eine langfristige Sicht zu erwarten ist.

---

[125] Vgl. Kunze, F. et al., Transformation, 2020, S. 2.
[126] Vgl. Schattenberg, M., Zukunft, 2020, S. 6.

8.2 Handlungsempfehlung

Die Voraussetzung für die Akzeptanz und den Erfolg des neuen Arbeitsmodells ist eine systematische und partizipative Herangehensweise an die Thematik. Sofern die Implementierung oder Optimierung des Arbeitsmodells Home-Office durch einen Betrieb nach der Corona-Krise beabsichtigt wird, sollte das Change-Management und die dazugehörigen Instrumente dazu als Hilfestellung herangezogen werden.[127] Dieses dient als Planungshilfe und bildet die Umsetzungsschritte innerhalb des Veränderungsprozesses vom Ist-Zustand in den Soll-Zustand ab.[128] Das Change-Management bietet hierzu zwei Vorgehensweisen an. Zum einen besteht die Möglichkeit, das Home-Office-Modell mittels Projektmanagementmaßnahmen zu etablieren, zum anderen besteht die Möglichkeit, die sogenannte Einführungspyramide zu nutzen. Die Einführungspyramide eignet sich für Unternehmen mit kleiner Beschäftigtenzahl oder für den Einsatz auf der operativen Ebene. Da sich mit steigender Mitarbeiterzahl die Chance auf die Gewährung von Home-Office erhöht, wird sich im nachfolgenden nur auf die Einführungspyramide bezogen. Das Instrument der Einführungspyramide beinhaltet und deckt Aspekte zur Förderung der Mitarbeitermotivation wie Kommunikation, Beteiligung und die Qualifizierung der Betroffenen ab.[129]

---

[127] Vgl. Landes, M., Steiner, E., Veränderungsbereitschaft, 2014, S. 14.
[128] Vgl. Hammer, M., Reengineering, 1990, S. 104-113.
[129] Vgl. Stolzenberg, K., Heberle, K., Veränderungsprozesse, 2013, S. 6-7.

Abbildung 25: Einführungspyramide

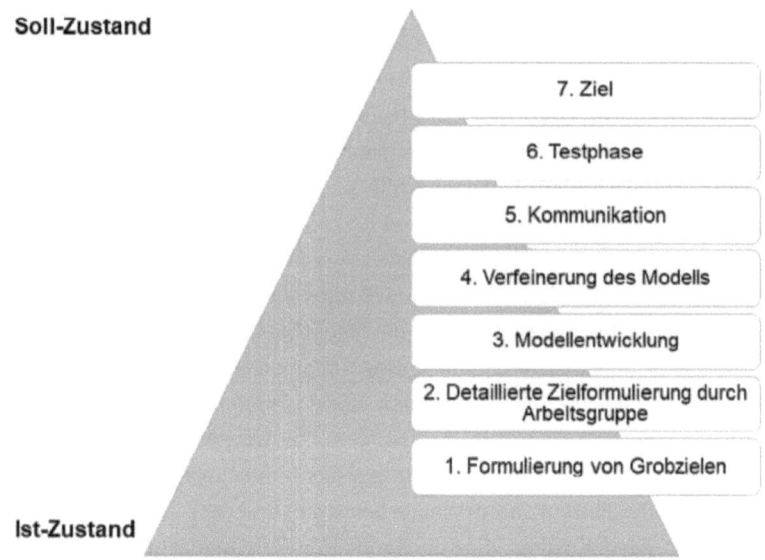

Quelle: Eigene Darstellung, In Anlehnung an Hellert, U., Arbeitszeitmodelle, 2018, S. 194

Zu Beginn bedarf es einer Absprache zwischen der zur Durchführung beauftragten Personen und der Geschäftsführerebene, Personalabteilung und der betreffenden Abteilungsleitung. Nach der Evaluierung des Ist-Zustandes erfolgt eine Darstellung von Handlungsfeldern und Grobzielen, die zu einer Entwicklung in den Soll-Zustand führen sollen.[130] Im Weiteren erfolgt die Zusammenstellung einer Arbeitsgruppe, die sich sowohl aus Arbeitnehmern mit Führungsverantwortung als auch ohne und Mitgliedern des Betriebsrates besteht. Die Einbeziehung des Betriebsrates ist hierbei auf Grund der Mitbestimmungspflicht zwingend notwendig.[131] Während der zweiten Phase setzen sich die sechs bis acht Teilnehmer der Arbeitsgruppe zusammen und definieren die konkreten Ziele nebst der dafür benötigten Erfolgsfaktoren. Auf Grund der ausarbeitenden Aufgabenpakete erfolgt die Erstellung eines Zeitplans und den dazugehörigen terminlichen Fristen für Aufgabenpakete. Innerhalb der dritten Phase erfolgt die Beleuchtung unterschiedlicher Umsetzungsvarianten unter der Beachtung betrieblicher Anforderungen, gesetzlichen Bestimmungen und tarifrechtlichen Bedingungen. In der darauffolgenden vierten

---

[130] Vgl. Stolzenberg, K., Heberle, K., Veränderungsprozesse, 2013, S. 15.
[131] Vgl. ebd., Veränderungsprozesse, 2013, S. 45.

Phase werden die evaluierten Umsetzungsvarianten weiter ausgearbeitet, sowie hierzu notwendige Regeln und Vereinbarungen definiert. Der daraus resultierende Plan wird anschließend in der fünften Phase gegenüber den betreffenden Arbeitnehmern kommuniziert.[132] Diese Phase ist ausschlaggebend für die Akzeptanz, die für die sechste Phase, die Testphase, benötigt wird. In dieser werden die theoretisch konzipierten Ansätze erprobt und bei auftretenden Schwierigkeiten angepasst. Diese können durch anonyme Befragungen aufgedeckt werden. Durch die Bereitschaft einer nachträglichen Änderung innerhalb der Testphase steigt zudem ebenfalls die Akzeptanz der Arbeitnehmer an. Nach erfolgreicher Testphase wird das Home-Office-Modell offiziell eingeführt.[133]

Die Nutzung der Change-Management Instrumente trägt unter gleichzeitiger Berücksichtigung der aus der Einführung von Home-Office resultierenden Chancen und Risiken zur Motivation der Arbeitnehmer bei. Gleichzeitig sinkt durch die Beteiligung und der Transparenz im Veränderungsprozess das Risiko für psychologisch-emotionale Widerstände und somit für langfristige gesundheitliche Schäden der Arbeitnehmer.[134]

---

[132] Vgl. Stolzenberg, K., Heberle, K., Veränderungsprozesse, 2013, S. 46 ff.
[133] Vgl. Hellert, U., Arbeitszeitmodelle, 2018, S. 192-194
[134] Vgl. *Anwander, A.*, Veränderungsvorhaben, 2002, S. 217

Literaturverzeichnis

Albert, M., Bartscher-Finzer, S. (Selbstbestimmungstheorie, 2015): Personal: Sozialisation, Integration, Kontrolle, Stuttgart: Kohlhammer, 2015

Andriessen, J. H. E., Vartiainen, M. (Mobile, 2006): Mobile virtual work: a new paradigm?, Berlin: Springer-Verlag, 2005

Anwander, A. (Veränderungsvorhaben, 2002): Strategien erfolgreich verwirklichen, 2. Aufl., Heidelberg: Springer-Verlag, 2002,

Becker, M. (Maßnahmen, 2020): Staatliche Förderung in Zeiten des Corona-Virus, Hamburg: Institut für Unternehmensrechnung, Controlling und Finanzmanagement, 2020

Böhm, W., Hennig, J., Popp, C. (Home-Office, 2017): Zeitarbeit und Arbeiten 4.0, Köln: Luchterhand Verlag, 2017

Bohnsack, R., Marotzki, W., Meuser, M. (Analyseansätze, 2018): Hauptbegriffe Qualitativer Sozialforschung, 4. Aufl., Opladen: Verlag Barbara Budrich, 2018

Bryman, A. (Befragungsserver, 2008: Social research methods, 3. Aufl., Oxford: Oxford University Press, 2008,

Castells, M., Fernandez-Ardevol, M., Qui, J., Sey, A. (Transformation, 2007): Mobile Communication and Society, London: MIT Press, 2007

Clöer, S. (Digitalisierung, 2020): Entschärfung des Spannungsfeldes zwischen Beruf und Privatleben durch lebensphasenorientierte Personalpolitik. In: Iskan, S., Staudt, E. (Hrsg.), Die vierte Dimension der Digitalisierung, Heidelberg: Springer-Verlag, 2020

Däubler, W. (Rahmenbedingungen, 2018): Digitalisierung und Arbeitsrecht: Internet, Arbeit 4.0 und Crowdwork, 6. Aufl., Frankfurt: Bund Verlag, 2018

Domenig, P. (Rechtsanspruch, 2016): Homeoffice-Arbeit als besondere Erscheinungsform im Einzelarbeitsverhältnis, Bern: Stämpfli Verlag, 2015

Fischinger, P. (Hauptleistungspflicht, 2018): Arbeitsrecht, Heidelberg: C.F. Müller, 2018

Giesen, R., Kersten, J. (Home-Office, 2018): Arbeit 4.0, München: C.H.Beck, 2018

Gillhofer, M. (Rekrutierung, 2010): Teilnehmer-Rekrutierung in der Online-Sozialforschung, Köln: JODEF EUL VERLAG, 2010

Godehardt, B. (Satellitenbüro, 1994): Telearbeit: Rahmenbedingungen und Potentiale, Opladen: Westdeutscher Verlag, 1994

Gräf, L. (Umfrage, 2010): Online-Befragung, Berlin: LIT Verlag, 2010

Häder, M. (Sozialforschung, 2019): Empirische Sozialforschung, 4. Aufl., Wiesbaden: Springer VS, 2019

Hammer, M. (Reengineering, 1990): Reengineering Work: Don't Automate, Obliterate, Florida: Harvard Business Review, 1990

Hellert, U. (Arbeitszeitmodelle, 2018): Arbeitszeitmodelle der Zukunft, 2. Aufl., Freiburg: Haufe-Lexware, 2018

Herrmann, M., Cordes, R. (Vorkommen, 2020): Homeoffice im Zeichen der Pandemie, Erfurt: IUBH Internationale Hochschule, 2020

Jacob, R., Heinz, A., Decieux, J. (Overcoverage, 2019): Umfrage, 4. Aufl., Berlin: De Gruyter, 2019

Jäckel, M., Rövekamp, C. (Telearbeit, 2001): Alternierende Telearbeit, Wiesbaden: Westdeutscher Verlag, 2001

Karcher, B. (Anforderungen, 1989): Mobile Office, München: FIBA Publikationen, 1989

Kirchoff, S., Kuhnt, S., Lipp, P., Schlawin, S. (Stichprobe, 2003): Der Fragebogen, 3. Aufl., Opladen: Leske + Budrich, 2003

Kratzer, N., Dunkel, W., Beker, K., Hinrichs, S. (Gesundheit, 2011): Arbeit und Gesundheit im Konflikt, Berlin: Edition Sigma, 2011

Kunze, F., Hampel, K., Zimmermann, S. (Transformation, 2020): Homeoffice in der Corona-Krise – eine nachhaltige Transformation in der Arbeitswelt?, Konstanz: Universität Konstanz, 2020

Landes, M., Steiner, E. (Veränderungsbereitschaft, 2014): Psychologische Auswirkungen von Change Prozessen, Wiesbaden: Springer-Verlag, 2014

Lindner, D. (Virtuell, 2020): Virtuelle Teams und Homeoffice, Wiesbaden: Springer Gabler, 2020

Maschke, M. (Telearbeit, 2014): Formen mobiler Telearbeit. In: Seidler, A., Euler, U., Letzel, S., Nowak, D. (Hrsg.), Gesunde Gestaltung von Büroarbeitsplätzen, Landsberg: ecomed Medizin, 2014

Mayring, P. (Inhaltsanalyse, 2010): Qualitative Inhaltsanalyse: Grundlagen und Techniken, 11. Aufl., Weinheim: Beltz, 2010

Mergener, A. (Begriffsdefinition, 2020): Homeoffice in Deutschland – Zugang, Nutzung und Regelung, Bonn: Bundesinstitut für Berufsbildung, 2020

Monz, A. (Entgrenzung, 2018): Mobile Arbeit, mobile Eltern, Wiesbaden: Springer VS, 2018

Müller, S. (Arbeitsrecht, 2019): Homeoffice in der arbeitsrechtlichen Praxis: Rechtshandbuch für die Arbeit 4.0, Baden-Baden: Nomos, 2019

Müller, S. (Führung, 2018): Virtuelle Führung, Wiesbaden: Springer Gabler, 2018

Neumann, J., Lindert, L., Seinsche, L., Zeike, S., Pfaff, H. (Home-Office, 2020): Homeoffice- und Präsenzkultur im öffentlichen Dienst in Zeiten der Covid-19-Pandemie, Köln: imvr, 2020

Peters, K. (Führung, 2013): Indirekte Steuerung und interessierte Selbstgefährdung. In: Kaudelka, K., Kilger, G. (Hrsg.), Eigenverantwortlich und leistungsfähig, Bielefeld: transcript, 2013

Petersen, T. (Fragebogen, 2014): Der Fragebogen in der Sozialforschung, Konstanz: UVK Verlagsgesellschaft, 2014

Poppelreuter, S. (Arbeitssucht, 2013): Kann denn Arbeit Sünde sein?. In: Badura, B., Ducki, A., Schröder, H., Klose, J., Meyer, M. (Hrsg.), Fehlzeiten-Report 2013, Berlin: Springer-Verlag, 2013

Porst, R. (Fragearten, 2014): Fragebogen, 4. Aufl., Wiesbaden: Springer VS, 2014

Reifelsberger, C. (Praxishinweise, 2020): Praxishinweise COVID-19 Virus und arbeitsrechtliche Auswirkungen, Wiesbaden: HessenChemie, 2020

Rensmann, J., Gröpler, K. (Nachbarschaftsbüro, 1998): Telearbeit, Heidelberg: Springer Verlag, 1998

Roessing, T. (Internetbasiert, 2009): Internet für Online-Forscher: Protokolle, Dienste und Kommunikationsmodi, in: Jackob, N., Schoen, H., Zerbrack, T. (Hrsg.), Sozialforschung im Internet: Methodologie und Praxis de Online-Befragung, Wiesbaden: VS Verlag, 2009

Rössler, P. (Inhaltsanalyse, 2017): Inhaltsanalyse, 3. Aufl., Konstanz: UVK Verlagsgesellschaft, 2017

Sauer, D. (Entgrenzung, 2012): Entgrenzung – Chiffre einer flexiblen Arbeitswelt, in: Badura, B., Ducki, A., Schröder, H., Klose, J., Meyer, M. (Hrsg.), Fehlzeiten-Report 2012, Berlin: Springer-Verlag, 2012

Schattenberg, M. (Zukunft, 2020): Deutschland-Monitor, Homeoffice – gekommen um zu bleiben, Frankfurt: Deutsche Bank Research, 2020

Schnell, R., Hill, P., Esser, E. (Methoden, 2013): Methoden der empirischen Sozialforschung, 10. Aufl., München: Oldenbourg Verlag, 2013

Selye, H. (Stress, 1988): Streß, 2. Aufl., München: Piper Verlag, 1988

Stolzenberg, K., Heberle, K. (Veränderungsprozesse, 2013): Change Management, 3. Aufl., Heidelberg: Springer-Verlag, 2013

Szydlik, M. (Wandel, 2008): Flexibilisierung: Folgen für Arbeit und Familie, Wiesbaden: VS Verlag, 2008

Van Koolwijk, J. (Befragung): Die Befragungsmethode, in: Van Koolwijk, Wieken-Mayser, M. (Hrsg.), Techniken der empirischen Sozialforschung, München: R. Oldenbourg Verlag, 19974

Voss, G. (Entgrenzung, 1998): Die Entgrenzung von Arbeit und Arbeitskraft: eine subjektorientierte Interpretation des Wandels der Arbeit, Nürnberg: Institut für Arbeitsmarkt- und Berufsforschung, 1998

Voß, S., Gritzki, A., Bux, K. (Infektionsschutz, 2020): Infektionsschutzgerechtes Lüften – Hinweise und Maßnahmen in Zeiten der SARS-CoV-2-Epidemie, Dortmund: Bundesanstalt für Arbeitsschutz und Arbeitsmedizin (BAuA), 2020

Wilde, C. (Datenschutz, 1996): Telearbeit mit personenbezogenen Daten in der Wohnung des Arbeitnehmers, in: Tinnefeld, M., Köhler, K., Piazolo, M. (Hrsg.), Arbeit in der mobilen Kommunikationsgesellschaft, Braunschweig: Vieweg, 1996

Zerback, T., Schoen, H., Jackob, N., Schlereth, S. (Vorteile, 2009): Zehn Jahre Sozialforschung im Internet – eine Analyse zur Nutzung von Online-Befragungen in den Sozialwissenschaften, in: Jackob, N., Schoen, H., Zerbrack, T. (Hrsg.), Sozialforschung im Internet: Methodologie und Praxis de Online-Befragung, Wiesbaden: VS Verlag, 2009

Zok, K. (Beschäftigtenbefragung, 2010): Gesundheitliche Beschwerden und Belastungen am Arbeitsplatz, Berlin: KomPart, 2010

Zok, K. (Gesundheit, 2011): Führungsverhalten und Auswirkungen auf die Gesundheit der Mitarbeiter – Analyse von WIdO-Mitarbeiterbefragungen, in: Badura, B. Ducki, A., Schörder, H., Klose, J., Macco, K. (Hrsg.), Fehlzeiten-Report 2011, Berlin: Springer-Verlag, 2011

Quellenverzeichnis

Arbeitskreis Deutscher Markt- und Sozialforschungsinstitute e.V. (Jahresberichte, 2020): Jahresberichte des ADM <https://www.adm-ev.de/der-adm/jahresberichte/> (keine Datumsangabe) [Zugriff 2020-12-17]

Auswärtiges Amt (Einreisebeschränkungen, 2020): Informationen zu Einreisebeschränkungen und Quarantänebestimmungen in Deutschland <https://www.auswaertiges-amt.de/de/quarantaene-einreise/2371468> (keine Datumsangabe) [Zugriff 2020-12-04]

Bundesagentur für Arbeit im Institut für Arbeitsmarkt- und Berufsforschung (Linked Personnel Panel, o.J.): Linked Personnel Panel (LPP) und LPP verknüpft mit den administrativen Daten des IAB <https://fdz.iab.de/de/Integrated_Establishment_and_Individual_Data/lpp.aspx> (keine Datumsangabe) [Zugriff 2020-12-21]

Bundesinstitut für Bevölkerungsforschung (HomeOffice, 2020): Eltern während der Corona-Krise <https://www.bib.bund.de/DE/Service/Presse/2020/2020-07-Eltern-waehrend-der-Corona-Krise.html> (2020-07-14) [Zugriff 2020-12-10]

Bundesministerium für Arbeit und Soziales (Arbeitsqualität, 2013): Arbeitsqualität und wirtschaftlicher Erfolg: Längsschnittstudie in deutschen Betrieben <https://www.ssoar.info/ssoar/bitstream/handle/document/47252/ssoar-2014-bellmann_et_al-Arbeitsqualitat_und_wirtschaftlicher_Erfolg_Langsschnittstudie.pdf?sequence=1&isAllowed=y&lnkname=ssoar-2014-bellmann_et_al-Arbeitsqualitat_und_wirtschaftlicher_Erfolg_Langsschnittstudie.pdf> (2013-06-30) [Zugriff 2020-12-21]

Bundesministerium für Gesundheit (Coronavirus, o.J.) COVID-19: die Erkrankung in der Übersicht <https://gesund.bund.de/covid-19?pk_campaign=ghp> (keine Datumsangabe) [Zugriff 2020-12-01]

Bundesregierung (Dezember, 2020): Bund-Länder-Beschluss zur Corona-Pandemie <https://www.bundesregierung.de/breg-de/aktuelles/mpk-corona-1820046> (2020-11-25) [Zugriff 2020-12-04]

Bundesregierung (Beschluss, 2020): Videokonferenz der Bundeskanzlerin mit den Regierungschefinnen und Regierungschefs der Länder am 28. Oktober 2020 <https://www.bundesregierung.de/resource/blob/997532/1805024/5353edede6c0125ebe5b5166504dfd79/2020-10-28-mpk-beschluss-corona-data.pdf> (2020-10-28) [Zugriff 2020-12-04]

Bundesregierung (Arbeitsschutzregeln, 2020): Neue SARS-CoV-2 Arbeitsschutzregeln <https://www.bundesregierung.de/breg-de/themen/coronavirus/corona-arbeitsschutzregel-1775870> (2020-08-13) [Zugriff 2020-12-05]

Bundesregierung (Bund-Länder-Beschluss, 2020): Bund-Länder-Beschluss zur Corona-Pandemie <https://www.bundesregierung.de/breg-de/aktuelles/bund-laender-beschluss-1804936> (2020-10-28) [Zugriff 2020-12-04]

Bundesregierung (Lohnfortzahlung, 2020): Hilfen für Familien <https://www.bundesregierung.de/breg-de/aktuelles/lohnfortzahlung-eltern-corona-1754306> (2020-06-05) [Zugriff 2020-12-09]

Bundesregierung (Unterstützung, 2021): Kita- und Schulbetrieb, finanzielle Entlastung, Beratungsangebote <https://www.bundesregierung.de/breg-de/themen/coronavirus/unterstuetzung-fuer-familien-1738334> (2021-01-05) [Zugriff 2021-01-05]

Bundesregierung (Maßnahmen, 2021): Das sind die geltenden Regeln und Einschränkungen <https://www.bundesregierung.de/breg-de/themen/coronavirus/corona-massnahmen-1734724> (2021-02-10) [Zugriff 2021-02-11]

Deutscher Bundestag (Homeoffice Recht, 2019): Recht auf Homeoffice einführen – Mobiles Arbeiten erleichtern <https://dip21.bundestag.de/dip21/btd/19/130/1913077.pdf> (2019-09-10) [Zugriff 2021-02-09]

Deutscher Bundestag (Antrag, 2020) Recht auf Homeoffice beschäftigt den Bundestag <https://www.bundestag.de/dokumente/textarchiv/2020/kw11-de-homeoffice-685574> (keine Datumsangabe) [Zugriff 2021-02-09]

Deutscher Gewerkschaftsbund (HomeOffice Recht, 2020): Corona und Homeoffice: Wann darf ich, wann muss ich zu Hause bleiben und von dort arbeiten? <https://www.dgb.de/themen/++co++340dd524-69ce-11ea-90cc-52540088cada#homeoffice_anspruch> (2020-12-22) [Zugriff 2020-11-24]

Grunau, Philipp, Ruf, Kevin, Steffes, Susanne, Wolter, Stefanie (Flexibilität, 2019): Homeoffice bietet Vorteile, hat aber auch Tücken <http://doku.iab.de/kurzber/2019/kb1119.pdf> (keine Datumsangabe) [Zugriff am 2020-12-21]

Hessisches Kultusministerium (Schulbetrieb, 2021): Aktuelle Informationen zu Corona <https://kultusministerium.hessen.de/schulsystem/aktuelle-informationen-zu-corona> (2021-02-11) [Zugriff 2021-02-11]

Pauly, Bastian, Markert, Lisa (Digitalisierung, 2020): Mehr als 10 Millionen arbeiten ausschließlich im Homeoffice <https://www.bitkom.org/Presse/Presseinformation/Mehr-als-10-Millionen-arbeiten-ausschliesslich-im-Homeoffice> (keine Datumsangabe) [Zugriff 2021-02-02]

Robert Koch Institut (Epidemiologischer Steckbrief, 2021): Epidemiologischer Steckbrief zu SARS-CoV-2 und COVID-19 <https://www.rki.de/DE/Content/InfAZ/N/Neuartiges_Coronavirus/Steckbrief.html;jsessionid=9D37D5F8CA3C440C15F5E0B79F8D0B6E.internet082#doc13776792bodyText2> (2021-02-09) [Zugriff 2021-02-11]

Statistisches Bundesamt (Erwerbstätigkeit, 2020): April 2020: Rückgang der Erwerbstätigkeit um 0,5 % gegenüber dem Vorjahresmonat <https://www.destatis.de/DE/Presse/Pressemitteilungen/2020/06/PD20_196_132.html> (2020-06-03) [Zugriff 2020-12-10]

Ständiger Arbeitskreis der Kompetenz- und Behandlungszentren für Krankheiten durch hochpathogene Erreger am Robert Koch-Institut (Diagnostik, 2021): Hinweise zu Erkennung, Diagnostik und Therapie von Patienten mit COVID-19 <https://www.rki.de/DE/Content/Kommissionen/Stakob/Stellungnahmen/Stellungnahme-Covid-19_Therapie_Diagnose.pdf?__blob=publicationFile> (2021-01-28) [Zugriff 2021-02-11]

SurveyMonkey (Umfrageplattform, o.J.): Was ist SurveyMonkey <https://www.surveymonkey.de/mp/take-a-tour/#:~:text=Was%20ist%20SurveyMonkey%3F,%2C%20Chats%2C%20soziale%20Medien%20usw> (keine Datumsangabe) [Zugriff 2020-12-18]

SurveyMonkey (Screeningfrage, o.J.): Disqualifizieren von Befragten <https://help.surveymonkey.com/articles/de/kb/Disqualifying-Respondents> (keine Datumsangabe) [Zugriff 2020-12-20]

SurveyMonkey (Analysetool, o.J.): Analysieren der Umfrageergebnisse <https://help.surveymonkey.com/articles/de/kb/How-to-analyze-results> (keine Datumsangabe) [Zugriff 2021-02-08]

Weltgesundheitsorganisation (Coronaviren, 2020): Pandemie der Coronavirus-Krankheit (COVID-19) https://www.euro.who.int/de/health-topics/health-emergencies/coronavirus-covid-19/novel-coronavirus-2019-ncov (keine Datumsangabe) [Zugriff 2020-11-24]

Wirtschaftslexikon (Satellitenbüro, o.J.): Satellitenbüro <http://www.wirtschaftslexikon24.com/d/satellitenbuero/satellitenbuero.htm> (keine Datumsangabe) [Zugriff 2020-12-14]

World Health Organization (Media Briefing, 2020): WHO Director-General's opening remarks at the media briefing on COVID-19 – 11 March 2020 <https://www.who.int/dg/speeches/detail/who-director-general-s-opening-remarks-at-the-media-briefing-on-covid-19---11-march-2020> (2020-03-11) [Zugriff 2020-11-24]

World Health Organization (FAQ, 2020): Coronavirus disease (COVID-19) <https://www.who.int/emergencies/diseases/novel-coronavirus-2019/question-and-answers-hub/q-a-detail/coronavirus-disease-covid-19> (2020-10-12) [Zugriff 2020-11-24]